APONTE A CÂMERA DO SEU CELULAR PARA ACESSAR AS VIDEOAULAS EXCLUSIVAS DO CONTEÚDO DO LIVRO.

CB039391

CARO(A) LEITOR(A),
Queremos saber sua opinião sobre nossos livros.
Após a leitura, curta-nos no **facebook.com/editoragentebr**,
siga-nos no Twitter **@EditoraGente**,
no Instagram **@editoragente**
e visite-nos no site **www.editoragente.com.br**.
Cadastre-se e contribua com sugestões, críticas ou elogios.

TIAGO ALVES

CEO REGUS & SPACES BRASIL

Prefácio de
GUSTAVO CERBASI

NEM HOME NEM OFFICE

O FUTURO DO TRABALHO É HÍBRIDO

Como as mudanças nas organizações convergem para
um novo modelo de trabalho com os escritórios do futuro

Gente editora

Diretora
Rosely Boschini

Gerente Editorial Sênior
Rosângela de Araujo Pinheiro Barbosa

Editora Júnior
Rafaella Carrilho

Assistente Editorial
Tamiris Sene

Produção Gráfica
Fábio Esteves

Assessoria de conteúdo
Patricia Moraes

Pesquisa e edição de conteúdo
Texxto Comunicação

Preparação
Amanda Oliveira

Capa
Thiago Barros

Projeto gráfico e diagramação
Gisele Oliveira

Revisão
Renato Ritto

Impressão
Rettec

Copyright © 2022 by Tiago Alves
Todos os direitos desta edição são reservados à Editora Gente.
Rua Original, 141/143 – Sumarezinho
São Paulo, SP – CEP 05435-050
Telefone: (11) 3670-2500
Site: www.editoragente.com.br
E-mail: gente@editoragente.com.br

Dados Internacionais de Catalogação na Publicação (CIP)
Angélica Ilacqua CRB-8/7057

Alves, Tiago
   Nem home nem office / Tiago Alves. - São Paulo: Editora Gente, 2022.
   192 p.

ISBN 978-65-5544-186-4

1. Administração de empresas 2. Negócios I. Título

21-5600   CDD 174.4

Índice para catálogo sistemático:
1. Administração de empresas

NOTA DA PUBLISHER

Como gestora, valorizo muito o encontro presencial com meus colaboradores. Gosto de olhar nos olhos, criar conexão, conversar pessoalmente. Assim, percebo quando estão alegres e felizes ou quando não estão bem e precisam de apoio. Acredito que essa é a maior qualidade de um bom gestor: perceber e entender sua equipe.

Porém, para nós, como empresa, não foi diferente do resto do mundo: tivemos também que nos ajustar e utilizar a tecnologia a nosso favor em um momento de dificuldade. O digital proporciona muitos benefícios para os negócios em todos os países e a verdade é que as gerações mais novas já estavam se habituando ao trabalho remoto ou a dividir espaços compartilhados. No entanto, com o tsunami de acontecimentos vivido a partir de 2020, muitas empresas precisaram se atualizar rapidamente e recorrer ao home office ou a um modelo híbrido para manter a engrenagem funcionando. Muita aprendizagem e muitos questionamentos vieram dessa experiência e alguns empreendimentos adotaram de vez o trabalho remoto.

Nesta obra, Tiago Alves, CEO da filial brasileira da maior empresa de espaços compartilhados do mundo, a Regus, fala sobre a ascensão desse modelo híbrido de trabalho e de como ele pode beneficiar empresas e colaboradores. Tiago, com sua dedicação, inteligência e proatividade, ajudou a modernizar e alavancar a Regus no Brasil, um dos seus maiores mercados. O autor, exemplo de sucesso, iniciou sua carreira como torneiro mecânico e, com muita habilidade, estudos e visão de mercado alcançou a posição que ocupa hoje.

Aqui, *Nem home nem office* apresenta soluções para os questionamentos que nós, gestores, tivemos e ainda temos para nos adaptar ao trabalho remoto, e sobre como é possível criar e manter um equilíbrio entre o presencial e o distante. O coworking veio para ficar e para modernizar as relações empresariais, além de garantir que funcionários produzam com mais saúde.

Tiago, do auge de toda a sua expertise no assunto, nos convida à reflexão: *o que é mais importante em uma equação de sucesso, a entrega ou a localização geográfica?* E eu convido você, caro(a) leitor(a), a entrar nesta jornada de aprendizado e atualização com os ensinamentos contidos neste livro.

Boa leitura!

ROSELY BOSCHINI – CEO E
PUBLISHER DA EDITORA GENTE

Dedico esta obra à minha família, Hellen, Murilo e Thomaz, por entenderem e estarem presentes em todos os momentos de que preciso, tanto em home, quanto no office.
Ao meu pai (In Memorian) e à minha mãe, que sempre acreditaram em mim, e a toda equipe Brasil da Regus & Spaces, em especial à Patrícia Moraes que dedicou seus (muitos) sábados a este projeto.

AGRADECIMENTOS

PRODUZIR UMA OBRA DESTE TAMANHO REQUER SEMPRE MUITA dedicação e apoio. Os desafios do mundo moderno e da nova economia fazem com que todos os dias tenhamos que nos reinventar e, por isso, contar com o apoio direto de todos que me circulam é um privilégio.

Agradecimentos especiais aos colaboradores da Regus & Spaces de meu convívio direto: Otávio, Stefani, Tania, Mauricio, Renato, Samir, Lizara, Augusto, Patrícia, Gilmar, Karina, Vanessa, Livia, Lorena, Marcão, Mirella, Fernanda, Stephanie, Lucas e muitos outros que seria quase impossível listar todos os nomes aqui. São equipes que me dão a honra de serem liderados no dia a dia e fazem da minha vida muito mais fácil. E ao meu mentor, chefe e amigo, Paulo Dias, com quem eu aprendo todos os dias um pouco mais.

Agradeço de coração à minha família, que todos os dias me dá motivos para sair da cama e fazer o que faço com muito amor – e que toleram minhas loucuras diárias. Amo muito todos vocês: Hellen, Murilo, Thomaz, Maria Inês, Tessa, Tácio, Diego, Valdir, Anabel, Jaime (*In Memorian*) além de meus pequenos pets, Thor, Loki, Mel (*in Memorian*) e Yoda.

Aos amigos de todos os dias que apoiam minhas longas jornadas, peripécias e meu louco entusiasmo por tudo que me proponho a fazer, entre eles: Michel Moreira, Rick Napoleão, Guilherme Andrade, Alessandro Seguro, Claudio Rawicz, Rodrigo e Maricel Hengles, Fernando Sora, Isabelle Drummond e Mariana Fernandes e muitos outros de uma grande lista de ricas amizades, afinal, a maior riqueza de um homem são seus amigos.

Ao querido Gustavo Cerbasi pela sua brilhante introdução ao tema no prefácio deste livro. Seu brilhantismo na ponta do editor de texto é um dos motivos que me levou de fã a amigo, e me deixou honrado ao ter aceitado o convite para escrever o prefácio.

Aos amigos do Networking Brasil, grupo que criamos durante os anos de 2020 e 2021 e que me abriu muito os horizontes de percepção de amizade e sobre o tema do livro, como as queridas Laís Macedo, Laís Cesar, Aldo Leone, Marco Marcelino, Douglas, Paulo Mancio, Leandro Barankiewicz, Alexandre Marques, Paty Leone entre outros.

Ao *superstar* e grande Antonio Camarotti, CEO e Publisher da Forbes Brasil, pela parceria e por ter contribuído bastante com a discussão nos canais da Forbes Brasil que corroboraram com muito conteúdo deste livro.

Aos queridos Alexandre Lafer Frankel, Guilherme Machado, Diego Barreto, Fabio Ennor Fernandes, Breno Perrucho, Jaques e Andrea Schawrtz, Johannes Roschek, Ricardo Natale, Carlos Sambrana, Diego Borghi e muitos outros grandes nomes de pessoas que tenho o prazer em conviver e que me inspiram todos os dias.

Agradecimentos a todos os clientes e colaboradores da Regus & Spaces no Brasil, que fazem do meu dia especial em saber que estamos servindo com toda a qualidade que o mercado demanda. Sem vocês, este livro não seria possível.

A toda equipe da Editora Gente, em especial à Rosely, Rafaella, Camila, Fabrício, Rosângela, entre outros muitos colaboradores da editora, que demonstraram profissionalismo absurdo durante todo o processo que, devo dizer, foi a toque de caixa.

Por último, a você, leitor, que chegou até aqui e que pode encontrar conteúdos adicionais nos QR Codes da primeira página, inclusive vídeos de aulas preparadas com carinho para todos vocês.

Boa leitura!

PREFÁCIO **16**

INTRODUÇÃO **22**

32 CAPÍTULO 1 UM MBA CHAMADO COVID-19

50 CAPÍTULO 2 UMA BREVE HISTÓRIA DO TRABALHO

66 CAPÍTULO 3 DIFERENTES GERAÇÕES, DIFERENTES MODOS DE TRABALHAR

MAIS ACESSO, MENOS POSSE CAPÍTULO 4 **78**

98 CAPÍTULO 5 — NEM HOME NEM OFFICE: O HÍBRIDO VEIO PARA FICAR

O QUE VOCÊ PRECISA SABER PARA IMPLANTAR O MODELO HÍBRIDO CAPÍTULO 6 **118**

PARA QUE SERVIRÃO OS ESCRITÓRIOS? CAPÍTULO 7 **136**

154 CAPÍTULO 8 — NA PONTA DO LÁPIS

176 CAPÍTULO 9 — O FUTURO MAIS QUE PERFEITO

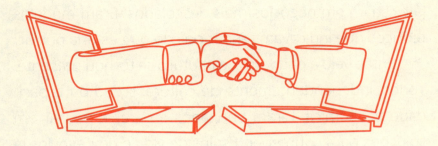

A MUDANÇA COMEÇOU GRADUAL, TRIBAL, TEÓRICA. HÁ POUCOS meses, discutia-se como seria um futuro mais conectado, com a tecnologia 5G convidando a sociedade a um maior compartilhamento, facilitando a economia circular, contribuindo para um mundo de menos desperdício, mais verde, mais cíclico, com as pessoas trabalhando em ambientes menos suntuosos e mais amigáveis, com os escritórios se tornando uma espécie de extensão das casas e dos estilos de vida dos trabalhadores.

Existia um conjunto de movimentos isolados que nos sugeria amostras do que seria essa vida futura. O home office era adotado com sucesso e com ressalvas em lugares de clima mais hostil, principalmente regiões de muita neve, ou em negócios digitais em início de atividades. A mobilidade urbana sustentável já era imposta em algumas poucas cidades mais preocupadas ou impactadas pela poluição e pelo aumento da temperatura global. Ambientes de trabalho flexíveis em custo e espaço já existiam em negócios mais descolados. Eram modelos teóricos que indicavam tendências do que estaria por vir.

Então veio a pandemia, e o futuro se tornou presente. Todos, independentemente de cultura, credo ou capacidade econômica, foram obrigados a parar e pensar em soluções para sobreviver. Estilos de vida e de negócios já consolidados tornaram-se inviáveis, e famílias e empresas se viram na obrigação de ajustar sua rotina à necessidade de distanciamento social.

Os voos cessaram, mas as reuniões continuaram acontecendo. As escolas fecharam, mas crianças e adultos continuaram estudando. O comércio foi impedido de receber clientes, mas o delivery cresceu vertiginosamente. Empresas esvaziaram seus caros espaços imobiliários e foram obrigadas a repensar seus custos fixos.

A ruptura trouxe perdas, sofrimento e ansiedade, mas, como toda ruptura, nos permitiu enxergar oportunidades em ideias que já existiam, porém pareciam utópicas diante da dificuldade natural que temos em sair da zona de conforto. Tendo experimentado em pouco tempo diferentes maneiras de viver, de trabalhar, de consumir, de negociar e de se desconectar do trabalho, a sociedade agora pondera: o que é melhor? O antes ou o depois? Havia qualidades e defeitos no mundo pré-pandemia, assim como descobrimos virtudes e problemas no mundo pós-pandemia.

Conseguiremos sobreviver em um meio-termo, com vidas e negócios aproveitando o melhor dos mundos, ou sofreremos a dor de problemas insolúveis que surgiram com a rápida digitalização da nossa rotina?

A resposta e as recomendações estão neste texto esclarecedor e muito competente produzido pelo Tiago Alves. Eu conhecia o incansável e superprodutivo Tiago das redes sociais, mas tive o privilégio de passar a conviver com ele em meio à pandemia, quando ambos nos tornamos embaixadores de mobilidade sustentável da Audi do Brasil e passamos a nos encontrar frequentemente para discutir, em conjunto, soluções e ideias para um mundo melhor. Foi aí que conheci o Tiago Alves pai, marido, atleta, amigo, professor, nerd e fuçador, entre outras qualidades, que explicam sua competência para o papel de CEO e para desenvolver boas ideias.

Tais características o qualificam também para discutir experiências que foram feitas nos negócios e soluções que nasceram dessas experiências, para propor um caminho esclarecedor e de resultados sustentáveis para a vida que segue após a pandemia. A análise feita neste livro é pautada não na sobrevivência em meio ao caos, mas nas oportunidades e, principalmente, resultados positivos obtidos com as soluções que nasceram ou se fortaleceram com a ruptura da rotina causada pela rápida reorganização social.

Não se trata de um exercício de futurologia. Empresas passaram a lucrar muito mais com as soluções que adotaram para, a princípio, apenas sobreviver. Famílias se fortaleceram com um maior convívio que foi, inicialmente, imposto a elas.

Diante do home office e do ensino a distância forçados, as famílias se viram obrigadas a melhorar seu espaço de convívio, seu lar. Algumas se mobilizaram geograficamente, buscaram ares melhores e menos urbanos para "não pirar". Então descobriram a oportunidade de poder viver em espaços mais amplos, muitas vezes com menor custo, de maneira mais inspirada e produtiva. Com a vida voltando ao normal, cabe a pergunta: por que não mantermos o que conquistamos de melhor na pandemia?

É nesse contexto que entra a reflexão: onde é melhor? Em casa ou no escritório? Home ou office? É possível aproveitar o melhor dos mundos?

Não sou eu quem respondo, e sim Tiago Alves, que foi ao cerne de cada questionamento para trazer a seus leitores uma visão ponderada, inteligente e propositiva do que deve ser considerado e do que não pode ser esquecido nessa avaliação do novo mundo em que vivemos. Sim, a vida e os negócios nunca mais serão os mesmos. Mas, quem disse que serão piores?

Gustavo Cerbasi (@gustavocerbasi), especialista em Inteligência Financeira e autor de dezesseis livros, entre eles *Casais inteligentes enriquecem juntos* e *A riqueza da vida simples*.

INTRODUÇÃO

JÁ HÁ ALGUNS ANOS, VÊM OCORRENDO MUDANÇAS NO MODELO de trabalho de empresas pelo mundo. Proporcionadas principalmente pela tecnologia e por suas novas possibilidades, ganharam uma enorme dimensão quando as empresas se viram obrigadas a implementar, de maneira improvisada, um modelo de home office para que os funcionários pudessem continuar trabalhando durante a pandemia da covid-19. Discussões e reflexões sobre o modelo de trabalho, que até então vinham acontecendo de modo mais tímido, ganharam proporções globais e entraram na ordem do dia.

Mark Dixon é um visionário que, já em 1989, percebeu essa tendência. Trabalhando no ramo de alimentação em Bruxelas, capital da Bélgica, Mark percebeu que as pessoas se aglomeravam em um café para trabalhar.

Como na época ainda não havia muito acesso a computadores pessoais, era comum ver muita gente fazendo reuniões com o jornal em uma mão, o caderno de anotações na outra, sempre apertada naquele espaço. Dixon percebeu que aquelas pessoas precisavam de algo mais, de uma infraestrutura e de um ambiente prazeroso para compartilhar, trabalhar e interagir – e tomar um café, por que não? Aquele insight foi o embrião da hoje gigantesca indústria do compartilhamento de espaço e o responsável pelo nascimento da Regus.

A ideia de Mark o levou a vender o negócio de alimentação e investir todo o dinheiro alugando o imóvel ao lado da cafeteria. Ele dividiu o espaço em várias salinhas de reunião e fez uma parceria com a cafeteria: todos os que comprassem o café ganhavam quinze minutos para usar uma sala; e todos os que alugassem uma sala ganhavam o café. O negócio foi um sucesso e sua ascensão foi extremamente rápida.

Apenas um ano depois, a Regus já começava a ganhar toda a Europa. E, em 1994, a empresa fez sua primeira expansão fora do Velho Mundo: o primeiro a país a receber uma unidade fora do circuito europeu foi o Brasil, que inaugurou a unidade paulistana no World Trade Center, edifício localizado na avenida Engenheiro Luís Carlos Berrini, uma área nova e promissora da cidade que começava a atrair grandes empresas. Aquele foi um marco importante na história da Regus e um divisor de águas para nós, no Brasil, que recebemos a novidade antes mesmo dos

Discussões e reflexões sobre o modelo de trabalho que, até então vinham acontecendo de modo mais tímido, ganharam proporções globais e entraram na ordem do dia.

Estados Unidos. A unidade no WTC perdurou por quase vinte e seis anos. A Regus entrou no mercado americano pouco depois, na virada de 1995 para 1996. A partir daí, a expansão foi assombrosa. Hoje, a América responde por 35% de toda estrutura da empresa.

O ano de 2001 trouxe outro marco importante: a abertura de capital da Regus na Bolsa de Valores de Londres. Foi a primeira empresa do mercado de escritórios flexíveis de compartilhamento a abrir capital em uma bolsa. Depois disso, o mercado de coworkings começou a se multiplicar em todo o mundo.

A Regus era vista como uma empresa de escritórios compartilhados de alto padrão, sinônimo de status e poder econômico para as empresas que a utilizavam. No Brasil e em outros países de moeda fraca, essa percepção sobressaía ainda mais porque os investimentos eram feitos em libras, então era mais fácil manter um padrão alto em localizações icônicas – e, portanto, mais caras. A Regus era – e ainda é, a melhor maneira de permitir que pessoas e empreendimentos não tão abonados estejam no mesmo endereço comercial de algumas das maiores e mais admiradas empresas do mundo. Em um primeiro momento, esse fator de localização estratégica falou mais alto e teve poder de atração. Prestígio era a palavra de ordem.

Desde seu surgimento, a Regus enfrentou e se adaptou a diversas crises, entre elas a econômica, que ocorreu em 2008. Entretanto, continuou firme e relevante, crescendo no mundo todo, atendendo a grandes empresas. Com os ensinamentos das crises anteriores, as empresas perceberam a necessidade de espaços mais baratos e flexíveis, que precisavam reduzir custos e diminuir riscos. Precisavam também ser mais ágeis diante de cenários tão voláteis. A Regus já tinha todos esses fatores no DNA, e isso permitiu que seu crescimento fosse sólido, atendendo às necessidades dos clientes. Tudo isso fez com que, em 2008, em plena crise econômica global, a empresa crescesse assombrosamente – em termos operacionais e financeiros.

Após enfrentar de maneira sólida todas essas crises, a empresa não se preocupou com um novo concorrente que surgia: pequenos negócios aflorando em várias partes do mundo e que atraiam pequenas empresas, profissionais liberais, profissionais informais e pessoas físicas para o compartilhamento de espaços, os coworkings. A Regus fez vista grossa no começo: *Ah, isso aí não é do meu tamanho, estamos focados no corporativo e vamos continuar assim. O que isso muda para a maior empresa de escritórios flexíveis do planeta?* Já veremos.

Foi nesse momento de crescimento que eu cheguei na Regus, em 2015. E foi de um jeito engraçado. Havia sido cliente da Regus, conhecia bem a empresa e estava tentando expandir ali a operação que, na época, eu mantinha na Johnson Controls, mas telefonava e não conseguia falar com ninguém. Então enviei através do LinkedIn uma mensagem para o Mark Dixon e elogiei a empresa, mas falei que ele precisava arrumar um pouco as coisas na

América Latina, porque eu estava há dois meses tentando falar com alguém de lá sem sucesso. Finalizei dizendo que, se ele precisasse de uma pessoa para resolver o problema, podia contar comigo. Quatro meses depois eu estava comandando a operação da Regus no Brasil.

Durante algum tempo, a Regus viu os coworkings crescerem, mas não os considerou concorrentes diretos. Até uma dessas empresas receber um aporte bilionário para crescer. Esse concorrente, que até aquele momento era tão pequeno quanto o outros coworkings, de repente começou a fazer barulho e o jogo mudou: outros *players* se animaram a entrar no mercado com as premissas de preço baixo e uma pegada menos corporativa, mais simples – algo que faltava aos espaços da Regus, que até então eram áreas mais descoladas.

Então nós paramos, respiramos, entendemos qual era o momento do mercado e partimos para um movimento estratégico, focado em fusão e aquisição: adquirimos o Spaces, um coworking fundado na Holanda que também competia conosco e tinha acabado de receber uma rodada de investimentos para expandir no mundo. Mark Dixon trouxe o Spaces para ser a nossa marca descolada, voltada para o jovem empreendedor. A Regus começou, então, um processo intenso de aquisição de marcas no mundo: No18, Signature, Dojo Office, Basepoint… foram várias aquisições entre 2018 e 2019 para que o grupo pudesse ter uma marca para cada padrão, estilo e tipo de cliente.

Com os ensinamentos das crises anteriores, as empresas perceberam a necessidade de espaços mais baratos e flexíveis, que precisavam reduzir custos e diminuir riscos.

Por isso, em 2018, a empresa mudou o nome globalmente para International Workplace Group (IWG), e fez um *rebranding* para evidenciar as características e propostas das marcas de seu novo portfólio: a Regus, reconhecida como a solução de escritórios flexíveis para prédios corporativos; a Spaces, focada em prédios monousuários em áreas descoladas; e a Signature, para locais que são referência arquitetônica no mundo. E assim criamos uma estratégia multimarcas, multivalor e multipropósito.

Em 2020, com a pandemia do coronavírus, as peças do tabuleiro se embaralharam outra vez. Quando os governos de praticamente todo o mundo decretaram *lockdowns* ou orientaram as pessoas a ficarem em casa, um negócio como o de escritórios compartilhados ficou no epicentro da incerteza. Notícias de que o modelo de coworking morreria pipocaram na mídia e no mercado. "As pessoas vão trabalhar em casa para sempre e as coisas nunca mais serão como antes", diziam.

A pandemia serviu como um catalizador de mudanças no modelo de trabalho que vinham ocorrendo há anos. Empresas perceberam vantagens no novo modelo, que se provava mais econômico; profissionais aproveitaram o tempo que antes era perdido com deslocamentos. Muitos foram os benefícios identificados. Entretanto, com o tempo, também alguns problemas passaram a surgir. Depois de um período em que trabalhadores viram suas vidas profissionais invadirem o espaço doméstico – movimento que para boa parte deles parecia um sonho sendo realizado –, muitos problemas foram identificados. O aumento do estresse e a consequente diminuição da produtividade são apenas alguns deles.

Entre os prós e os contras, a discussão atual é: **qual o futuro do trabalho?**

CAPÍTULO 1

UM MBA CHAMADO COVID-19

CINCO DE JANEIRO DE 2020. DEPOIS DA CIRCULAÇÃO DE ALGUMAS notícias sobre o surto de uma pneumonia misteriosa na cidade de Wuhan, na China, a Organização Mundial da Saúde (OMS) emite o primeiro comunicado sobre o assunto: a doença, provocada por um tipo desconhecido de coronavírus, **já teria acometido 44 pessoas no país,** onze delas em estado grave.

Naquele momento, ainda pouco se sabia sobre a dimensão do problema e o que de fato estava em risco, mas não demorou para o alerta ganhar proporção global. Quando o governo chinês fechou aeroportos, portos, ferrovias, rodovias e colocou a população inteira de Wuhan em estado de isolamento, governantes de todo o mundo pressentiram o que teriam de enfrentar mais cedo ou mais tarde.

A doença, batizada de covid-19 – uma abreviação do nome em inglês *Coronavirus Disease* e referência ao seu ano de aparição, no fim de 2019 – rapidamente se espalhou para outros continentes. O vírus logo foi detectado na Europa e na América do Norte. No Brasil, os rumores chegaram no início de fevereiro, quando o país borbulhava **à espera do Carnaval. No dia 26 daquele mês, após algumas suspeitas descartadas, confirmou-se o primeiro caso**: um homem de 61 anos que havia voltado de uma viagem à Itália, novo epicentro da doença na Europa.

As atenções do planeta convergiam para a poderosa força de contágio da doença. As notícias que chegavam a todo momento falavam do possível colapso nos sistemas de saúde decorrente da grande quantidade de pessoas adoecendo ao mesmo tempo. Médicos infectologistas ganharam destaque e passaram a ocupar espaço na mídia com tentativas de explicar a doença, os sintomas, métodos de prevenção e possíveis tratamentos, mas nada era muito consistente.

Até que, em 11 de março de 2020, a OMS decretou oficialmente o estado de pandemia da covid-19. No anúncio, o diretor-geral da entidade, Tedros Adhanom, pediu calma à população e informou que os países já haviam sido orientados sobre como agir. Ressaltou que, mais do que nunca, seria necessário lavar as mãos com água e sabão, evitar tocar o rosto, coçar nariz e olhos e que todos deveriam manter distanciamento de outras pessoas. As máscaras respiratórias ganharam status de equipamento de sobrevivência, escondendo o sorriso e principalmente a angústia das pessoas.

Olhando para trás, é difícil acreditar na velocidade com que tudo aconteceu. A vida que conhecíamos até então deixou de existir em um curto espaço de tempo. As relações sociais foram reviradas de cabeça para baixo, o trabalho passou por incríveis transformações, as fronteiras de todo o mundo foram fechadas, abraçar uma pessoa querida se tornou uma atitude de risco.

A necessidade de se proteger do contágio levou milhões de pessoas a se recolherem em suas residências. A hashtag #fiqueemcasa ganhou proeminência nas redes sociais e abriu espaço para uma tempestade de depoimentos, vídeos e memes sobre o isolamento. Do dia para a noite, o escritório invadiu os ambientes familiares. O termo home office (ou trabalho remoto, em português) extrapolou o universo antes restrito às empresas "moderninhas" e passou a ser uma realidade para organizações de todos os portes e naturezas, desde pequenos escritórios locais a gigantes internacionais como Facebook, Google, Apple, Natura, iFood, Unisys e XP, para citar apenas algumas delas.

Dados da Organização Internacional do Trabalho (OIT) apontam que, em 2019, antes da pandemia se espalhar pelo mundo, cerca de 260 milhões de pessoas trabalhavam em casa – o equivalente a 7,9% do total de trabalhadores. Em 2020, nos primeiros meses da pandemia da covid-19, esse número aumentou para a casa dos 20%.[1]

Se antes gestores e líderes rechaçavam a ideia de permitir que seus profissionais trabalhassem de casa – prevalecia a mentalidade de que o controle dos empregados só existe em uma convivência presencial –, o novo contexto mundial apressou as coisas e abriu um novo debate: mas o que, afinal, essa mudança dos *offices* para dentro das *homes* traz para empregadores e empregados? Como enxergaremos essa revolução nos próximos anos? Podemos ter certeza sobre o que veio (ou não) para ficar?

Diversas questões que até pouco tempo reviravam os olhos de muitos executivos (jornada flexível, trabalho remoto, nomadismo digital e tantas outras) tornaram-se assuntos inadiáveis por conta da pandemia. Fomos todos, em maior ou menor grau, levados a pensar que não é mais possível focar nas necessidades de lucro do presente sem refletir acerca dos complexos desafios humanos e as perspectivas do que imaginamos para o futuro.

Em um período de transformações radicais e rápidas, tornou-se urgente encarar essas e outras questões e derrubar tabus sobre o home office – ou mesmo sobre o chamado *anywhere office,* modelo de trabalho que permite que as pessoas façam suas tarefas em qualquer lugar,

---

[1] ORGANIZAÇÃO INTERNACIONAL DO TRABALHO. **Working from Home**: Estimating the Worldwide Potential. ILO Brief. Suíça, 2020. Disponível em: https://www.ilo.org/wcmsp5/groups/public/---ed_protect/---protrav/---travail/documents/briefingnote/wcms_743447.pdf. Acesso em: 29 nov. 2021.

sem a necessidade de um posto fixo de trabalho. Afinal, o que é mais importante em uma equação de sucesso, a entrega ou a localização geográfica? A confiança remota ou o controle presencial? O isolamento ou a socialização? A preservação da saúde física e mental dos colaboradores ou a manutenção da cultura organizacional?

Tais mudanças, no entanto, demandam visão sistêmica e coragem dos gestores para testar formatos e repensar modelos tradicionais de processos, interações, reuniões e viagens. Daqui para a frente, será fundamental entender, sob uma nova perspectiva, o que mantém profissionais motivados e produtivos, e investir em soluções de tecnologia, comunicação e infraestrutura que valorizem os recursos humanos em constante evolução.

Não pretendo concluir esses pensamentos com respostas fáceis e precipitadas, mas refletir e tentar compreender o tsunami que nos arrebatou e o que podemos trazer para os nossos negócios e estratégias de crescimento a partir de um modelo de trabalho em completa ebulição.

O próprio modelo de home office que foi implementado com a pandemia não é o que devemos estabelecer como padrão para o futuro, já que, por força do isolamento social às pressas, a rotina laboral se misturou à vida familiar sem muito planejamento e organização. Pais passaram a dividir as atividades profissionais com a rotina das crianças, as aulas remotas e os afazeres domésticos, como se não houvesse distinção entre a vida pessoal e a corporativa. O escritório tomou conta da sala, do quarto, da cozinha, da varanda e até do banheiro. Uma coisa é trabalhar em casa, a outra é passar as vinte e quatro horas do dia sem saber quando começa ou termina o expediente. Sob essa lógica, o home office pode se transformar (e em muitos casos, já se transformou) em uma fonte de estresse e improdutividade. Um artigo produzido pela American Psychological Association[2] chamado *Covid-19 and the Workplace: Implications, Issues, and Insights for Future Research and Action* (em tradução livre: Covid-19 e o local de trabalho: implicações, problemas e ideias para pesquisas e ações futuras), jogou luz na "psicologia da pandemia". Enquanto muitos profissionais preferem e são mais produtivos em home office, outros tantos não têm espaço dedicado em casa para trabalhar ou precisam compartilhá-lo com outras pessoas, como familiares. O estudo avalia que, psicologicamente falando, a falta de uma separação clara entre o trabalho e a casa – que em tempos normais seria representada pelo deslocamento entre um endereço e outro –, pode se tornar um fardo para muitos desses profissionais.

Em um formato de trabalho remoto bem estruturado, essas duas vertentes precisam ser negociadas de modo que uma não se sobreponha à outra. Você poderia me questionar: e qual a fórmula para isso? A verdade é que não

---

2 KNIFFIN, K. M. *et al*. Covid-19 and the Workplace: Implications, Issues, and Insights for Future Research and Action. **American Psychologist**, v. 76 n. 1, p. 63-77, 2021. Disponível em: https://doi.org/10.1037/amp0000716. Acesso em: 2 dez. 2021.

**Afinal, o que é mais importante em uma equação de sucesso, a entrega ou a localização geográfica?
A confiança remota ou o controle presencial?
O isolamento ou a socialização?
A preservação da saúde física e mental dos colaboradores ou a manutenção da cultura organizacional?**

há certeza sobre nada – mas calma, há luz no fim do túnel, como você poderá ver ao longo deste livro.

NOVOS FORMATOS, CONCEITOS E MODELOS DE NEGÓCIOS

Vimos que as relações de trabalho mudaram de maneira intensa, profunda e rápida – era uma corrente que já existia há algum tempo, mas foi catalisada pela pandemia. O mundo passou por uma grande experiência coletiva, na qual todos os países e povos experimentaram, praticamente ao mesmo tempo, uma movimentação que levou diversos profissionais a questionarem a qualidade de vida e a quantidade de tempo que passavam nas empresas, longe de suas casas e de suas famílias. A resposta a esses questionamentos modificará fortemente a maneira como as empresas, seus colaboradores e parceiros se relacionarão no futuro.

A covid-19 nos desafiou a refletir sobre estilos de liderança, modelos de negócios e até mesmo sobre a cultura das organizações. Quem poderia prever que um vírus invisível seria responsável, por exemplo, por um processo de digitalização em massa a uma velocidade nunca antes vista? Ou pela necessidade crescente de mais banda de internet para suportar o *boom* de reuniões virtuais e compartilhamento de mensagens e arquivos?

A pandemia foi decisiva para a reconfiguração dos esquemas e locais de trabalho, mas nem todas as suas consequências são previsíveis ou óbvias. O certo é que já não é possível fugir dessa realidade: <u>será fundamental reconstruir conceitos sem esquecer que uma empresa é, por essência, uma comunidade</u> e, como tal, precisa fazer sentido e servir a um propósito.

Trabalho remoto não deve ser sinônimo de isolamento. A construção é coletiva e passa pelo senso de pertencimento, de segurança e realização. Durante o tempo de home office empurrado goela abaixo, muitas pessoas se sentiram isoladas demais, algumas a ponto de desenvolverem estresse e depressão. O convívio via lives e plataformas digitais não supria as nossas necessidades de interação humana.

Além disso, passamos a identificar a aplicação de conceitos que nunca tinham sido testados porque, até então, as empresas tinham medo de retaliações e processos trabalhistas, como a intrajornada – em que se trabalha em dias alternados – e a contratação por trabalho ou por hora – na IWG, eu posso contratar um funcionário por dezesseis horas por mês, por exemplo. Fica mais e mais fácil imaginar uma empresa contratando um colaborador para trabalhar às terças e às quartas; nas quintas, ele vai às compras e ao cinema; às sextas vai à praia e é de lá que ele trabalha no fim de semana; e, na segunda, trabalha para outra companhia. <u>Trabalho flexível está cada vez mais conectado com job, e job, com resultados.</u>

Você já deve ter percebido que cada um tem um horário do dia em que é mais produtivo, em que consegue tirar melhor proveito de sua capacidade intelectual, emocional, gerencial e de execução. O trabalho flexível facilita esse mapeamento, inclusive por parte das empresas contratantes.

Nas minhas palestras, digo que as pessoas são contratadas pelo LinkedIn e demitidas pelo Instagram. O que quero dizer com isso? Você contrata uma pessoa pelos *hard skills*, por aquilo que ela fez, aprendeu, pelo que sabe. Entretanto, você demite essa pessoa pelos *soft skills*, comportamentos que você não consegue avaliar no currículo ou na entrevista. Cada vez mais as empresas vão orientar suas contratações pelos *soft skills*, que também se relacionam à capacidade de flexibilização da jornada de trabalho: em que dia e hora essa pessoa produz mais, em que atividades ela é mais eficiente, em que situação se sai melhor (sob pressão, sob forte supervisão, com mais liberdade, sozinha, em equipe, com metas rígidas, com hierarquia etc.)?

Com os representantes da Geração Z ganhando espaço no mercado, gerenciar performances se torna o principal desafio dos líderes nesse novo cenário. O gestor deverá estar preparado para liderar equipes pautadas pela flexibilidade, pela sustentabilidade e pelo propósito – e que agem como nômades no mundo físico e no digital. Serão comuns diálogos do tipo: o chefe fala "Olha, amanhã a gente tem uma apresentação importante, preciso de você", e o funcionário responde "Amanhã é meu dia de descanso, não poderei estar aí". Hoje soa como insubordinação, mas, no futuro, falta de respeito será não levar em conta as escolhas de cada um.

Em meio a tantas mudanças no modelo de trabalho, as lideranças ainda não sabem lidar com todas as novas necessidades e desafios que o momento propõe. Em certo sentido, podemos considerar a pandemia como um MBA superintensivo. Esse treinamento forçado fez com que os gestores começassem a se atualizar e a aprender a lidar com esse emaranhado de questões e situações.

Segundo observações empíricas do mercado, tive uma percepção muito forte de que, até 2015, o maior fator de decisão na escolha da localização dos escritórios era a conveniência para os diretores. As sedes eram montadas próximas ao local onde o presidente ou os diretores moravam ou pretendiam morar. Eles pegavam menos trânsito, perdiam menos tempo de vida no deslocamento casa–trabalho... e o resto dos empregados que se adaptasse a isso. Quem não queria ou não podia ir de carro, que desse um jeito, recorrendo ao transporte público – algo que, no Brasil, nunca foi dos melhores, contribuindo mais ainda para uma baixa qualidade de vida.

A VIDA REMOTA VEIO PARA FICAR

Vimos que, com a pandemia, os gestores se viram praticamente obrigados a aceitar o home office em larga escala e a considerar o fato de que seus colaboradores podiam ser tão ou mais produtivos remotamente, inclusive perdendo menos tempo no trânsito – e, na maioria das vezes, são mesmo. Essa constatação foi relativamente rápida e empoderou os trabalhadores. A questão do deslocamento começa, assim, a ser democratizada: a localização do escritório passa a levar em conta o bem-estar de todos, e não só dos executivos. É o tipo de atitude na qual até a cidades como um todo são beneficiadas.

Esse empoderamento inicial também colocou à prova o conceito de horário flexível, promovendo questionamentos como: de que adianta um "horário flexível" se eu posso entrar a qualquer hora – desde que antes das oito da manhã – e sair a qualquer hora – desde que depois das seis da tarde? De que adianta uma jornada flexível se sou obrigado a trabalhar de segunda a sexta? De que adianta a possibilidade de uma localização flexível, seja em um coworking, seja em home office, se meu gestor vai todo dia para o mesmo escritório, no mesmo lugar, e quer todo mundo perto dele, resistindo aos modelos de reunião virtual e de gestão remota da equipe?

O problema é que os líderes das gerações passadas não foram ensinados a fazer isso. Gestão remota quebra o principal controle da liderança: a interação física, visual e próxima. Esses líderes tiveram de virar gestores digitais da noite para o dia. Enquanto novas métricas de produtividade tomam o lugar dos métodos antigos – onde foi parar o relógio de ponto? –, uma nova relação de confiança é estabelecida entre contratantes e contratados.

O que pensávamos ser apenas uma mudança conjuntural é muito mais do que isso: trata-se de uma ruptura de paradigmas no modelo de trabalho, no modo como direitos e deveres são mensurados e remunerados na relação entre empregados e empregadores. Quem sabe não teremos de nos reportar a um app ou seremos monitorados por um no futuro? As tradicionais proteções paternalistas serão substituídas pela rede de proteção baseada na confiança mútua, na interdependência e na entrega.

Muitas empresas, no início da pandemia, tomaram precipitadamente a decisão de transferir todo o seu quadro de colaboradores para o modelo home office indefinidamente, sem planejamento. Em grande medida, tiveram de voltar atrás, porque viram que a decisão não é sobre onde as pessoas precisam estar; mas sobre o que devem fazer – e como. O que você precisa fazer define onde você precisa estar. É totalmente diferente.

Ancorada na pesquisa Day After Covid, Andrea Krewer, CEO do segmento corporativo da Sodexo Brasil On-site, cita, em artigo,[3] que 61% das empresas não tinham uma política de home office estabelecida antes da pandemia e que, posteriormente, o percentual de empresas que planejam manter formas de trabalho remoto passou

---

3 KREWER, A. Futuro do workplace: a inovação aliada aos novos modelos de trabalho. **MundoRH**, 8 fev. 2021. Disponível em: https://www.mundorh.com.br/futuro-do-workplace-a-inovacao-aliada-aos-novos-modelos-de-trabalho/. Acesso em: 2 dez. 2021.

para 95%, sendo que 29% delas ainda não sabem de que maneira implantariam esse regime de trabalho.

> […] os espaços de trabalho – seja em casa, no escritório, na operação, em um espaço compartilhado ou em uma sala individual – demonstrarão seu valor por meio de experiências positivas e motivacionais. Não há dúvidas de que o trabalho virtual terá grande relevância nos próximos anos, mas o futuro do *workplace* deverá ter um modelo híbrido, em qualquer setor. Por isso, será necessário ampliar os benefícios para alcançar os colaboradores onde estiverem, seja no uso de ferramentas, tecnologias e processos para possibilitar um trabalho a distância de qualidade ou os cuidados quanto a segurança, com locais de trabalho mais humanos e preparados para receber pessoas.

Não há dúvida de que o mundo como conhecíamos se transformou para sempre. A vida remota veio para ficar. A flexibilidade conquistada é irreversível. Ainda não há certezas a respeito das implicações dessas mudanças a médio e longo prazos, mas uma coisa é certa: somos seres sociais. Talvez, em um futuro próximo, nenhuma empresa precise de grandes espaços físicos, mas a necessidade de conexão permanecerá, e as empresas que conseguirem entender essa dinâmica terão todas as ferramentas para surfar nessa onda e inaugurar um novo olhar sobre as relações de trabalho. Você está preparado?

O que você precisa fazer define onde você precisa estar.

CAPÍTULO 2

UMA BREVE HISTÓRIA DO TRABALHO

ATUALMENTE, FAZ PARTE DO DIA A DIA CORPORATIVO A NECESSIDADE de que empresários, líderes e gestores de RH discutam qual será o futuro do trabalho. Essa movimentação é para que se mantenham atualizados quanto às tendências do mercado, uma questão que ganhou especial relevância nos últimos anos. Afinal, a tecnologia vem colocando à prova verdades que já tínhamos como estabelecidas – e, bem ou mal, nos acostumamos a essa avalanche constante de novas informações e desafios. As possibilidades do que temos pela frente são infinitas.

O fato, porém, é que nem sempre essa ideia de pensar no amanhã existiu. Ou, quando existia, era percebida como uma possibilidade remota, tão distante que não fazia sentido "forçar a vista" para tentar vê-la em detalhes. Foi justamente o trabalho que trouxe esse conceito para dentro de nossas vidas. Para entender um pouco melhor essa história, vamos voltar milhares de anos no tempo e desembarcar na época da sociedade primitiva.

Desde que o mundo é mundo, o homem precisou dominar a natureza para garantir a sua sobrevivência. A caça e a coleta foram os primeiros modos de subsistência do *Homo sapiens*, que tinha como instinto retirar do meio ambiente seu sustento. O trabalho, portanto, resumia-se a andar em bandos e migrar constantemente para conseguir comida e abrigo para todos. Não havia líderes permanentes ou a possibilidade de acumular qualquer tipo de bem, pois as posses se limitavam ao que cada um conseguisse carregar. Ninguém estava preocupado em juntar riqueza ou poupar para o futuro incerto.

Os homens primitivos viveram cerca de 2,5 milhões de anos nesse sistema de coletar plantas e caçar animais que nasciam e cresciam sem a intervenção humana. O modelo começou a mudar há mais ou menos dez mil anos, quando os *sapiens*, munidos de ferramentas que aprenderam a produzir, descobriram que podiam manipular algumas espécies. Eles espalharam sementes na terra, regaram as plantas, levaram ovelhas para os pastos e inauguraram, sem saber ou planejar, aquela que seria a mais estrondosa guinada na história das civilizações: a Revolução Agrícola.

Os seres humanos descobriram que podiam cultivar cereais e criar animais sem precisar se deslocar. Com o tempo, também entenderam que era possível semear os grãos em camadas mais profundas do solo para produzir mais alimentos e guardar o excedente da produção para tempos de escassez. Todas essas inovações foram possíveis graças ao domínio do fogo e do aprimoramento das antigas ferramentas do período paleolítico (ocorridas aproximadamente entre 3,5 milhões a.C. e 8 mil a.C.). Assim, nossos ancestrais passaram a acreditar que a vida, nessa nova dinâmica, seria melhor e menos arriscada. Surgiram as aldeias, os campos de cultivo, a pecuária e a ideia de mercado.

COMO CHEGAMOS AQUI

Muitos historiadores consideram a Revolução Agrícola um grande salto no caminho do progresso e da prosperidade, mas há controvérsias. Há quem defenda a teoria de que as coisas não foram exatamente tão boas assim, pois os homens teriam abandonado a íntima simbiose com a natureza para aterrissar na era da ganância, da alienação, da rotina e da perda de liberdade.

Um dos pensadores dessa linha é o escritor e professor de história israelense Yuval Harari, autor dos best-sellers *Sapiens* e *Homo Deus*.[4] Para ele, é uma falácia acreditar que essa vida proporcionada pelo nascimento da agricultura é

---

4 HARARI, Y. N. **Sapiens**: uma breve história da humanidade. São Paulo: Companhia das Letras, 2020; **Homo Deus**: uma breve história do amanhã. São Paulo: Companhia das Letras, 2016.

uma dádiva dos céus. Se, por um lado, a Revolução Agrícola aumentou os alimentos disponíveis à humanidade, por outro, contribuiu para as explosões populacionais e para o surgimento das elites e das injustiças sociais.

Segundo Harari, o excedente da produção nunca trouxe aos homens e mulheres primitivos, enquanto coletividade, dietas melhores ou mais possibilidades de lazer. Em média, um agricultor trabalhava mais do que um caçador-coletor e obtinha, em troca, uma alimentação menos diversa. Além disso, o corpo do *Homo sapiens* não estava adaptado a essa nova atividade, mas para subir em árvores e correr atrás de animais. Ações como remover rochas e carregar água foram um tiro certeiro na coluna, joelhos, pescoço e plantas dos pés. Estudos de esqueletos antigos constataram que a transição para a agricultura causou males como deslocamentos de disco, artrite e hérnias – nem é preciso dizer que sofremos as consequências até hoje.

Por que, então, não desistiram da ideia e voltaram ao modelo anterior? Porque, como ocorre em todo momento histórico, os indivíduos foram incapazes de compreender as consequências das suas decisões. Além do mais, passaram-se inúmeras gerações para que as pequenas mudanças se acumulassem até chegar ao ponto em que ninguém mais se lembrava de que a dinâmica da vida já havia sido diferente algum dia. Esse período de transição, para você ter uma ideia, vai de 8 mil a.C. a 5 mil a.C, aproximadamente.

O desafio passou a ser conseguir resolver os problemas gerados pelo aumento na população, que crescia ano após ano e se aglomerava em comunidades fixas. Foi o início da revolução urbana que deu origem às primeiras cidades lá na boa e velha Mesopotâmia. Não havia mais caminho de volta.

> Sempre que resolviam trabalhar um pouquinho mais – digamos, enterrar as sementes em vez de espalhá-las pela superfície –, as pessoas pensavam: "Sim, vamos ter que trabalhar mais duro, mas a colheita vai ser muito abundante! Não teremos mais que nos preocupar com os anos ruins. Nossos filhos nunca mais irão para a cama com fome". Fazia sentido. Se trabalhassem mais duro, teriam uma vida melhor.[5]

Não é preciso pensar muito para chegar à conclusão de que o plano deu errado. As pessoas passaram a trabalhar ainda mais para, no fim, levarem uma vida pior e construíram os alicerces de uma sociedade que fez nascer a desigualdade social e a exploração do homem sobre o homem.

Mas você pode me perguntar: "o que o futuro, do qual falei no início deste capítulo, tem a ver com tudo isso?" Vejamos. Enquanto passavam o tempo atrás de frutas e animais, nossos ancestrais caçadores-coletores não pensavam no que aconteceria no dia ou no mês seguinte.

---

[5] HARARI, Y. N. **Sapiens**: uma breve história da humanidade. São Paulo: Companhia das Letras, 2020, p. 101.

A meta diária era sobreviver à fome, aos predadores e às intempéries da natureza. O conceito de futuro como entendemos hoje simplesmente não existia porque a eles importava somente o agora.

A Revolução Agrícola fez nascer a ideia de um amanhã com o qual sonhar – ou se preocupar. Era preciso pensar na sazonalidade do cultivo dos grãos e calcular os meses de plantio e de colheita. Também havia as possibilidades de secas, inundações, tempestades e pestes que podiam acabar com toda a produção. A única forma de driblar esses riscos era se antecipando a eles e produzindo mais do que o necessário para o consumo, acumulando reservas. Além disso, ao olhar mais adiante, eles também podiam estudar soluções inovadoras para os problemas e continuar sonhando com uma vida farta e agradável.

O grande problema dessa apropriação do futuro pelos homens foi a ansiedade e a angústia da incerteza. Não bastava produzir no presente cada vez mais; era preciso trabalhar a terra como se não houvesse amanhã (com perdão pelo trocadilho). Passaram a despontar líderes e elites dispostas a controlar e viver do excedente da produção camponesa, deixando essa última parcela com o mínimo para subsistência. Criava-se o cenário para o surgimento de sistemas políticos e de outras formas de trabalho baseadas na exploração do homem pelo homem (escravidão, feudalismo, capitalismo). A intrínseca relação do ser humano com a natureza ficava definitivamente para trás.

As possibilidades do que temos pela frente são infinitas.

Não à toa, a palavra trabalho, do latim *tripalium* (ou *trepalium*), significa castigo. Pesquisadores contam que essa origem vem de um instrumento do século VI usado para tortura e sugerem que trabalhar era sinônimo de sacrifício e perda de liberdade – condição restrita aos escravos, em troca de quase nada, como acontecia na Roma antiga. Na Idade Média, esse papel era destinado aos camponeses, que recebiam apenas moradia e proteção em troca de seu esforço. Naquela época, o trabalho era visto como servidão.[6]

Mais recentemente nesta linha do tempo da civilização, chegamos à segunda Revolução Agrícola, ocorrida na Europa entre os séculos XVIII e XIX. Um importante desenvolvimento nas tecnologias e técnicas aplicadas no campo (sendo um deles a pesquisa sobre nutrientes para enriquecer o solo) foi responsável pelo aumento da produção e da produtividade. Com esse movimento, as terras concentraram-se nas mãos da burguesia, o que mobilizou um contingente de pequenos agricultores para as cidades.

Na mesma época e região, teve início outro movimento transformador: a Revolução Industrial, com a substituição da mão de obra humana por máquinas. Claro que, como todo movimento histórico, esse foi bem mais complexo e entrelaçado, e o próprio Harari prefere incluí-lo na segunda Revolução Agrícola, já que foi a conjunção de energia abundante e barata com matérias-primas igualmente abundantes e baratas que provocaram uma

---

[6] ALBORNOZ, S. **O que é trabalho**. São Paulo: Brasiliense, 1986.

explosão na produtividade humana, sentida primeiro na agricultura e só depois na industrialização das cidades.

Seja como for, o movimento de industrialização começou forte na Inglaterra no fim do século XVIII. Só no século seguinte é que países como Estados Unidos, França, Alemanha, Itália e Bélgica entrariam também de cabeça. O desenvolvimento da máquina a vapor foi o grande responsável por substituir a força braçal humana e causar um *boom* na fabricação de itens de consumo: era a fonte de energia necessária para mover as fábricas, alimentar os trens e espalhar milhares de itens de consumo por diferentes regiões.

E as mudanças não pararam por aí. Com os novos processos fabris operados pelas máquinas, o trabalho também passou a ser regido pelos horários das linhas de montagem. Se os homens primitivos e camponeses medievais pouco se importavam com rotinas fixas além do movimento do sol, os operários industriais tinham jornadas regradas pelas horas e o toque de uma sirene que informava quando deveriam fazer cada movimento: começar, parar, comer, recomeçar, parar. Foi o início da vida orientada por uma grade de horário e pelo toque do despertador – algo que que chegou forte até nossos dias e só agora começa a ser questionado.

Com o mundo operando no sistema capitalista de mercado, produzir mais e em maior velocidade se tornou uma busca incessante. Desconectado da dependência do ecossistema à sua volta, o homem derrubou florestas, represou rios, construiu quilômetros de ferrovias e estradas. Hábitats foram destruídos e espécies extintas. Em paralelo, os trabalhadores passaram a depender de um esquema de trabalho que se deteriorava progressivamente. Sem normas ou proteções trabalhistas, as condições eram péssimas: operação de maquinários perigosos, jornadas de dezesseis horas, exploração de mão de obra infantil, desvalorização das mulheres... tudo isso por salários extremamente baixos que garantiam altos lucros para os industriais. Certamente não era esse o plano dos primeiros *sapiens* que abandonaram o nomadismo, a caça e a coleta de frutos para começar a produzir mais em troca de vidas melhores e mais tempo livre.

Nos tempos atuais, entretanto, a geração *Millennial*, composta por aqueles que nasceram entre 1980 e 1994, aproximadamente, ressignificou o trabalho e passou a tentar associá-lo com prazer e satisfação pessoal – logo depois associando também às questões ambientais e sociais. Chegaremos a isso mais adiante.

PARA ONDE ESTAMOS INDO

Historiadores consideram que a Revolução Industrial teve três fases. A primeira, entre 1760 e 1830, marcou o ritmo da produção mecanizada movida pelo motor a vapor. A segunda, por volta de 1850, despontou com as indústrias química, siderúrgica, petrolífera (algo até então desprezado economicamente) e elétrica. A terceira, já em meados do século XX, é marcada pela chegada da eletrônica, da robótica, da tecnologia da informação e da ampliação das fontes de energia do mundo. Nessa época ocorreu também a entrada definitiva no universo digital e a conexão entre tudo e todos em tempo real.

Ainda não há consenso entre os estudiosos, mas há algum tempo já se fala em uma quarta Revolução Industrial, cuja velocidade, alcance e impacto transformará as indústrias de todo o mundo. Ela será representada pela automação total das fábricas por meio de sistemas inteligentes e independentes que se tornaram possíveis graças à internet e à computação na nuvem. Imagine fábricas inteligentes com capacidade de controlar a si mesmas por meio de nanotecnologias, neurotecnologias, robôs, inteligência artificial, *machine learning*, biotecnologia, *big data*, drones, impressoras 3D etc.

O engenheiro e economista alemão Klaus Schwab, autor do livro *A quarta revolução industrial*, resume essa previsão: "Estamos no início de uma revolução que alterará profundamenta a maneira como vivemos, trabalhamos e nos relacionamos. Em sua escala, escopo e complexidade, a quarta revolução industrial é algo que considero diferente de tudo aquilo que já foi experimentado pela humanidade".[7] Lá vamos nós mais uma vez.

E como ficará o trabalho? No Fórum Econômico Mundial de 2016, ocorrido em Davos, Suíça, os entusiastas

---

[7] SCHWAB, K. **A quarta revolução industrial**. São Paulo: Edipro, 2018. *E-book*.

desse conceito trouxeram uma notícia não muito fácil de digerir: essa nova era pode acabar com 5 milhões de vagas de emprego nos quinze países mais industrializados do mundo e, inclusive, contribuir para o aumento da desigualdade na distribuição de renda. O cenário parece desastroso para nós, *sapiens* do presente e do futuro, mas acredite, nem tudo está perdido.

Se a automação é um caminho sem volta, por outro lado estima-se que 65% das crianças que hoje estão no Ensino Fundamental terão empregos que ainda nem existem.[8] Pense: seus avós um dia imaginaram que haveria profissionais especializados em operação de drones, por exemplo? Isso significa que, para as milhões de vagas que serão eliminadas pela automação, outras milhões surgirão no vácuo da inteligência artificial.

O mundo está em modo *work in progress* (trabalho em progresso, em uma tradução livre), o que significa que as mudanças que estão para surgir ainda nos levarão a dimensões que sequer podemos imaginar. A melhor forma de nos prepararmos para esse mercado em ascensão é prestar atenção ao que está acontecendo agora e tentar enxergar nessas transformações os embriões do futuro. Para isso, é fundamental estar atento às tendências de consumo, obtenção de renda, e ambientação das

---

[8] SCHWAB, K. The Global Competitiveness Report 2016-2017. **World Economic Forum**, Suíça, 2016. Disponível em: https://www3.weforum.org/docs/GCR2016-2017/05FullReport/TheGlobalCompetitivenessReport2016-2017_FINAL.pdf. Acesso em: 29 nov. 2021.

dinâmicas de trabalho e de educação. E, vou além, <u>já se acredita que estamos caminhando para o resgate de algo que foi tirado de nós com a chegada das máquinas e da tecnologia: o protagonismo das competências humanas.</u>

Mais do que nunca, esses valores estão sendo colocados no centro das tomadas de decisão de recrutadores de empresas. *Soft skills* como criatividade, inteligência emocional, empatia, espírito empreendedor, transparência, capacidade de experimentação e compartilhamento têm sido cada vez mais procuradas pela área de recursos humanos. São habilidades necessárias não apenas para o mercado, mas também para a satisfação pessoal, que também ganha cada vez mais e mais relevância nesse modelo que preza a qualidade de vida.

Talvez esse seja o caminho para deixarmos de enxergar o trabalho como punição e privação de liberdade e passarmos a enxergá-lo como parte de uma escolha com um propósito maior. É o momento de dar outro sentido às horas produtivas dos nossos dias, e não mais dedicá-las única e exclusivamente ao trabalho. Parece um paradoxo – e é –, mas a automação talvez nos ajude a nos tornar mais humanos.

CAPÍTULO 3

DIFERENTES GERAÇÕES, DIFERENTES MODOS DE TRABALHAR

Aponte a câmera do seu celular para o QR Code ao lado e acesse este conteúdo exclusivo!

HÁ ALGUM TEMPO O MERCADO DE TRABALHO MOVIMENTA-SE para a flexibilização de diversas regras antes vistas como imutáveis. Conceitos como horário comercial, semana útil e limitações trabalhistas são cada vez mais questionados. Pense em um grande banco que precisasse aprovar internamente o orçamento para desenvolvimento de softwares ou soluções tecnológicas a toque de caixa – a implantação do Pix, por exemplo. Se ficasse limitado à sua força de trabalho dentro das horas diárias determinadas pelo sindicato dos bancários e sem possibilidade de novas contratações, é quase certo que os prazos estourariam. Hoje, os bancos conseguem fomentar grandes centros de inovação nos quais startups trabalham quantas horas quiserem, promovendo *hackathons* nos finais de semana, sem sossegar até chegar à solução do desafio proposto.

Essa realidade, porém, não se construiu da noite para o dia. A flexibilidade na forma de enxergar e cumprir o tempo laboral é fruto das mudanças de perspectiva da metade do século passado para cá. Conhecer essas diferenças é fundamental para compreender como os jovens profissionais de hoje estão plantando os frutos de uma nova revolução no modo de produzir – e, consequentemente, consumir.

Entretanto, é preciso ter em mente que essa divisão não é estanque. O aumento na expectativa de vida e a tendência de aposentadoria cada vez mais tarde culminaram com os escritórios sendo compartilhados por pessoas de várias gerações. Como fazer com que todos se sintam motivados e produtivos diante de visões de mundo tão diferentes? Esse é um dos grandes desafios do RH da atualidade.

Vamos começar a puxar esse fio pelos *Baby Boomers*. Nascidas entre 1945 e 1964, época em que o mundo vivia a explosão de natalidade no pós-Segunda Guerra Mundial (daí a origem do nome), as pessoas dessa geração tendem a ser profissionais mais conservadores e que preferem ser reconhecidos por sua experiência. Prezam muito a estabilidade no trabalho e, em geral, não dão grandes guinadas na carreira durante a vida.

Os *Baby Boomers* foram criados dentro do seguinte conceito de sucesso: você nasce, cresce, brinca na rua, entra em uma faculdade, arruma um estágio, um bom emprego (de preferência em cargos estratégicos), casa-se, tem filhos, guarda algum dinheiro, se aposenta depois de fazer uma longa carreira em uma única empresa e vai cuidar dos netos, talvez viajar um pouco. É comum ver nos anúncios de viagens voltados para essa geração o velho clichê do casal sênior deitado em uma espreguiçadeira à beira-mar. O modo como essa geração foi educada criou pessoas, em sua maioria, pouco ambiciosas, que não foram treinadas a pensar fora da caixa – pelo contrário, muitas vezes ser ousado e disruptivo é algo malvisto.

Essa geração foi seguida pela Geração X, formada por quem nasceu entre 1965 e o início dos anos 1980, época marcada por rupturas significativas na ordem sociocultural, como exemplo o movimento hippie. Isso explica por que os trabalhadores dessa geração têm preferência por ambientes de trabalho mais tranquilos, nem sempre questionam a superioridade dos líderes e estão acostumados a funções de subordinados. Em geral, esses profissionais têm comportamento menos impulsivo e são mais ponderados.

Essa é marcadamente a geração que buscou uma maior especialização acadêmica, dando grande valor ao conhecimento acadêmico – ter um diploma universitário já era garantia de emprego e estabilidade, algo bem diferente dos tempos atuais. Também foi a primeira a conhecer os computadores pessoais, a internet, o e-mail e o celular. Pode-se dizer que as pessoas da Geração X começaram a moldar o mercado como ele é hoje, apesar de ainda terem alguns traços em comum com os *Baby*

Boomers: gostam de trabalhos rotineiros, têm grande preocupação com a carreira e colocam a estabilidade financeira acima de questões como propósito.

Essa visão começou a mudar com a chegada da Geração Y, ou os *Millennials*, a turma que veio ao mundo entre os anos 1980 e 1994. Faço parte dessa geração. Quando nascemos, a tecnologia já não era exatamente uma novidade, crescemos com os avanços das empresas na ampliação de processos digitais e assistimos a internet ditar as regras e massificar a ideia de globalização. Os celulares começaram a ficar mais acessíveis, abrindo caminho para os smartphones – não à toa a imagem de *Millennials* sempre conectados, vidrados nos celulares e compartilhando tudo e mais um pouco nas redes sociais vinte e quatro horas por dia tornou-se um clichê.

Claro que a Geração X também viveu esse momento de expansão digital, mas já estava no mercado de trabalho quando a revolução tecnológica tomou corpo – muitos acreditavam, inclusive, que as tecnologias teriam um baixo impacto em seu trabalho (o que obviamente foi uma previsão furadíssima) –, e já estava habituada ao modelo "analógico" de trabalho, com horário fixo ("trabalhar nos fins de semana, nem pensar!"), bater cartão, respeitar as normas sem contestação e por aí vai. Sua adaptação à nova dinâmica digital foi mais difícil e lenta, quase traumática.

A diferença é que a Geração Y, apesar de boa parcela ainda não ter nascido digital, pegou toda essa transformação "pelo chifre" e mostrou que é muito mais produtivo aliar-se às máquinas, às ferramentas, à tecnologia. Com esse mindset, dominou os ambientes de trabalho desde os primeiros anos do século XXI. É a geração intermediária, que chegou à idade adulta em um mercado em constante evolução, precisando de profissionais que moldem o futuro. Ainda vistos como jovens (alguns se aproximam dos 40 anos), já ocupam cargos de gestão e liderança e buscam ascensão rápida na carreira. São pessoas, em geral, com capacidade multidisciplinar, criatividade e apreço pela inovação, que valorizam empregos que não sejam monótonos e buscam benefícios para além dos salários quando procuram novas colocações.

Movidos pelo imediatismo da época, os *Millennials* – que representam cerca de metade dos profissionais atuantes do Brasil –[9] não têm problemas em mudar constantemente de emprego (e até mesmo de carreira!) até encontrar seu lugar ideal. Afinal, a qualidade de vida está no topo de suas listas de desejos. Por outro lado, por terem nascido em uma época de maior prosperidade econômica, consomem sem pensar nas consequências e pouco se importam, por exemplo, com possibilidades a longo prazo.

---

[9] INSTITUTO BRASILEIRO DE GEOGRAFIA E ESTATÍSTICA. Estatísticas de Gênero. **IBGE**, 2021. Disponível em: https://www.ibge.gov.br/apps/snig/v1/?loc=0&cat=-1,-2,99,11,100,101,60,8,128&ind=4726. Acesso em: 4 dez. 2021.

A flexibilidade na forma de enxergar e cumprir o tempo laboral é fruto das mudanças de perspectiva da metade do século passado para cá.

Seguiu-se a ela a Geração Z, formada por aqueles que nasceram mais perto da virada do milênio, entre 1995 e 2009, que cresceram em um mundo 100% digital e não conhecem a vida sem internet. Quando começaram a chegar aos ambientes de trabalho, por volta de 2015 e 2016, encontraram uma tecnologia *friendly* (amigável), intuitiva. São profissionais capazes de fazer o que os X e Y aprenderam a fazer, só que mais rápido e no modo multitarefa: ouvem música, fazem trabalhos escolares e conversam com alguém no WhatsApp, tudo ao mesmo tempo. As redes sociais são seu principal meio de comunicação, preferem mensagens de texto a uma ligação telefônica e estão acostumados com câmeras para selfies e vídeos – aliás, o que faremos no futuro com as milhares de selfies tiradas hoje? Bom, essa é uma curiosidade minha que pode ficar para outro momento.

Agilidade e imediatismo são algumas das principais características dos *Gen Z* que, por captar informações em tempo real de diversas fontes, são antenados aos acontecimentos do mundo e rápidos em suas decisões. Eles têm perfil dinâmico, interativo, e motivam-se com atividades que lhes permitam usar de inovação e criatividade. Esse caráter flexível, porém, também os torna mais predispostos à intolerância com rotinas profissionais. Além disso, trazem do berço um forte componente empreendedor, questionador e disruptivo. "Por que fazer tudo sempre igual se posso fazer diferente?" E "fazer diferente" inclui a própria rotina do trabalho.

Por que cumprir jornadas estanques, dia após dia, se é possível trabalhar em horários alternativos, em dias alternados, em lugares diferentes? Por que não trabalhar sábado e domingo e dedicar a segunda e a terça para outras atividades? Por que atender um único chefe se é possível ter vários chefes – ou melhor, clientes?

Tudo o que eles precisam é de uma boa rede wi-fi e liberdade para trabalhar remotamente. Essa geração não se apega nem às plataformas e às ferramentas digitais de trabalho, de educação ou de entretenimento que eventualmente usam. Desde que bem remunerados e que gostem do que estejam fazendo, não pensarão duas vezes em abrir mão de uma colocação para ir atrás de outra mais satisfatória.

Outra característica marcante dessa geração é a preocupação com a busca pela igualdade e diversidade no ambiente de trabalho e a sustentabilidade do planeta. Essa turma não parece mesmo ter vindo ao mundo a passeio: eles querem deixar um legado para quem vier depois. Por isso vemos nomes como Greta Thunberg, na Suécia, ou Rivkah, no Brasil – uma DJ *teen* incrível que já tive a oportunidade de entrevistar em uma de minhas lives (na ocasião, ela tinha 13 anos). Rivkah me impressionou com um discurso de empoderamento muito consistente, ligado ao fato de ser mulher em um mercado masculino, e de ser criança em um mercado de adultos, tudo acompanhado pela preocupação com as questões ambientais. Legado, propósito e impacto são palavras que definem pessoas como Greta e Rivkah, que tão bem representam sua geração.

Nesse novo contexto, até o salário perdeu peso na busca por trabalho. Outros fatores passaram a pesar mais na balança, como a qualidade do ambiente, a flexibilidade, a possibilidade de contar com mais de uma base em bairros ou até cidades diferentes e a identificação com valores, propósitos e atitudes das pessoas ao redor. Todas essas características, quando somadas, coroam algo que os *Gen Z* têm muito forte: o desapego material e o senso de compartilhamento. Eles não querem a posse de casas, carros, roupas ou bens supérfluos, pois colocam valores socioambientais em primeiro lugar e priorizam a flexibilidade e a liberdade acima de tudo.

Vamos nos aprofundar nesses conceitos?

CAPÍTULO 4

MAIS ACESSO, MENOS POSSE

PERGUNTE A QUALQUER ADULTO ACIMA DOS 40 ANOS (OU SEJA, o pessoal da Geração X) qual era o maior sonho de todo jovem que se aproximava da maioridade há vinte anos. A resposta certamente será: ter um carro. Passar no vestibular e ganhar um automóvel dos pais era o desejo que reinava na classe média brasileira; conquistá-los era sinônimo de status e um passo certo em direção a uma vida bem-sucedida – depois viria o sonho da casa própria aos 30 anos e a construção da família-margarina na década seguinte. Cumprir esses rituais foi, durante décadas, o maior símbolo de "venci na vida" da classe média brasileira.

Agora repita a pergunta aos *Millennials* e aos jovens da Geração Z. Com o que sonham? Aonde querem chegar no futuro? Digo sem medo de errar que morar sozinho e ter um carro não são mais o símbolo de desejo dessa turma.

O casamento perfeito também já está em xeque. E mais: pensar nesse combo da felicidade está definitivamente fora de moda. Uma prova disso é a diminuição de emissões da Carteira Nacional de Habilitação (CNH) ano a ano. Dados do Detran-SP mostram que, em 2014, um total de 2.995.294 pessoas receberam sua primeira CNH em todo o país. Apenas quatro anos depois, em 2018, esse número caiu para 2.086.829, uma diminuição de quase 1/3 nas emissões.[10]

Por que os mais jovens não querem mais dirigir? Há uma série de fatores que explicam esse cenário – e todos convergem para um novo padrão de consumo: o alto custo dos veículos, que têm preços acima da inflação; as despesas com manutenção e impostos, o trânsito caótico nos grandes centros urbanos e, o principal ponto no qual quero chegar, a grande oferta de modais compartilhados a partir de aplicativos conectados a internet. Sim, estou falando da "uberização" dos transportes e do modo como hoje nos deslocamos no dia a dia.

Ter acesso a um veículo a qualquer hora do dia sem precisar bancar os custos fixos de possuir um automóvel é a nova onda que veio para ficar e abarcar todas as gerações de consumidores. Quem está capitaneando essa mudança são os jovens hiperconectados que, diferentemente dos pais, têm mais interesse em experiências

---

[10] AGÊNCIA do estado. **R7**, 2021. Procura para tirar CNH em SP cai 10,5% entre jovens em seis anos. Disponível em: https://noticias.r7.com/sao-paulo/procura-para-tirar-cnh-em-sp-cai-105-entre-jovens-em-seis-anos-12082021. Acesso em: 28 nov. 2021.

– acessar o que precisam quando precisam – do que acumular bens materiais. Eles não querem aprender a dirigir nem têm pressa para sair da casa da família, pois isso lhes dá a liberdade para fazer as coisas no tempo que acham adequado. Em resumo, mais vale viver coisas interessantes do que acumular coisas que posteriormente podem considerar desnecessárias. **Ser em vez de ter.**

Esse pensamento, um dos pilares do estilo de vida minimalista (viver com o que é estritamente necessário e importante, sem apego a bens materiais) que os *Gen Z* cultivam, é a base para a economia compartilhada (ou circular), que prega a colaboração mútua para ampliar o acesso a bens e serviços. Na prática, significa comprar menos e utilizar-se de uma rede de pessoas unidas – na maioria das vezes por meio da internet – para ter acesso ao que se deseja. Essa percepção relativamente recente, na qual "nada é de ninguém", reflete uma nova relação das pessoas com os ativos.

As gerações um pouco mais velhas cresceram com a régua do "ter" para medir o sucesso: quanto mais posses e quanto maior o patrimônio acumulado, maior a percepção de sucesso, tanto da própria pessoa como das que dela têm conhecimento. Só que a relação com os ativos – e aí vou dividir os ativos em imobiliários, móveis, de curto e de longo prazo – está mudando muito nos últimos anos. Se pensarmos que antigamente as pessoas compravam uma casa para morar a vida inteira e que hoje o tempo médio de moradia em apartamentos residenciais em

São Paulo varia entre dez a quinze anos, já se percebe uma mudança muito grande no caso dos ativos imobiliários.

Quando vamos para os ativos móveis – carros, eletroeletrônicos –, o tempo de posse vem diminuindo cada vez mais rápido. Um computador durava dez anos na mão do mesmo usuário, às vezes mais; um celular também durava "uma eternidade". Hoje eles são trocados, em média, a cada dois ou três anos, e é por isso que a posse desses bens foi perdendo peso na percepção de sucesso, de realização, e, em função disso, os *Gen Z* não querem mais ter cada uma das novidades dessas áreas.

A turma nascida a partir dos anos 2000 aprendeu a olhar para interesses que vão além da obsolescência precoce das coisas. Não significa que não sejam consumistas, mas que estão menos preocupados com a compra de sua primeira propriedade do que com a forma como aproveitam cada minuto da vida da melhor forma possível – e com menor impacto para o meio ambiente. Eles não querem mais financiar uma casa em trinta anos se podem optar pelo *coliving*, por exemplo. Também abrem mão do veículo próprio para ter mobilidade alternativa e menos custos.

Se precisam de um eletrodoméstico que não possuem, por que não pegar emprestado do condomínio ou da vizinhança? Por que não alugar um por alguns dias e fim de papo? O dinheiro que é poupado nessas decisões pode se transformar em viagens pelo mundo, experiências profissionais menos engessadas e oportunidades de ampliar a educação e o conhecimento. Nessa arquitetura de escolhas, o alvo é, acima de tudo, o bem-estar pessoal.

E se isso está mudando radicalmente na pessoa física, também está na pessoa jurídica. Uma empresa considerada bem-sucedida nos anos 1980 e 1990 era aquela que tinha uma sede própria enorme, com uma entrada luxuosa, recepcionistas uniformizados etc. A ostentação podia até ser considerada um ponto positivo em termos de marketing. Entretanto, tudo isso é extremamente custoso, e o mundo hipercompetitivo no qual vivemos hoje não permite mais carregar custos desnecessários.

Imagine que já se compartilham mansões, carros de luxo, jatos executivos e até pets! Você pode, por exemplo, deixar o seu animal de estimação com um idoso que está sozinho e que gostaria de companhia enquanto você faz uma viagem na qual o bichinho não pode ir.

Em minhas palestras, costumo perguntar aos participantes: "O que dá para compartilhar nos dias de hoje?". Em 80% das vezes, as respostas são "marido", "mulher", "namorado". Claro que estão brincando, mas o que são os aplicativos de relacionamento se não uma colaboração entre pessoas que desejam viabilizar encontros e companhia? Quando a conversa fica séria, a lista de coisas compartilháveis fica imensa.

A ECONOMIA COMPARTILHADA

Desse novo olhar nasceram – ou cresceram vertiginosamente, porque em escala microcósmica já existiam – os modais compartilhados. A economia compartilhada cresce quanto menor é o apego das pessoas e das empresas pelas coisas. E é sustentada por três pilares, três necessidades: a agilidade, a mitigação do risco e os custos.

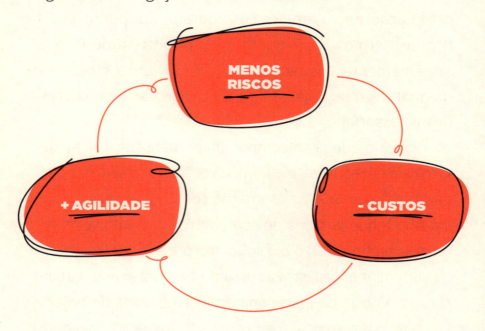

O primeiro pilar é a necessidade de **agilidade**, algo geralmente incompatível no modelo de economia antiga. Quanto tempo leva para construir um prédio? Quanto tempo leva para reformar um andar? Quanto tempo leva para produzir um carro? Quanto demora para uma concessionária entregar um veículo? Quanto custa comprar ou alugar um imóvel residencial ou comercial em um grande centro urbano? Agilidade e velha economia não se bicam, a questão da posse definitivamente desacelera todo o processo.

Na economia compartilhada, o que eu preciso (e que geralmente é algo mais enxuto do que seria em outros tempos) já está pronto e operante. A maioria das pessoas conheceu essa nova economia através dos modais de transporte. É muito fácil falar de um aplicativo de transporte, de uma carona compartilhada. Você acessa um aplicativo, pede o que precisa e em questão de minutos a solução do seu problema de deslocamento está na sua frente. Não precisa esperar juntar dinheiro, não precisa perder tempo pesquisando o modelo com melhor custo-benefício, não precisa esperar o carro sair da fábrica, não precisa esperar a burocracia da concessionária, nada.

Claro que já havia táxis antes da Uber e de seus concorrentes, mas em quantidade muito menor e com preços maiores em relação às opções atuais. A brutal agilidade trazida por esse novo modelo de mobilidade fez com que as pessoas e as empresas começassem a olhar para o compartilhamento de uma maneira mais intensa e mais ampla – e em vários outros setores além do de transporte.

O segundo pilar, especialmente importante em um país como o Brasil, é a **mitigação do risco**. Quando você é dono de algo, carrega o ônus e o bônus dessa posse. Se ela gerar um benefício, um ganho, um lucro, ele será todo seu. Por outro lado, se gerar despesas e perdas, elas também serão integralmente suas.

Quando você é dono de algo, carrega o ônus e o bônus dessa posse.

Pense em uma casa própria: você terá gastos com a manutenção, com os impostos, eventualmente com seguros. Seu carro: considere a desvalorização, a manutenção, os impostos, o seguro, o risco de acidentes e quebras. E, no Brasil, temos ainda os tradicionais solavancos e surpresas da economia: em uma canetada, o que vale muito hoje pode não valer nada amanhã.

Quando você opta pela utilização de algo compartilhado, seja um carro, um coworking ou qualquer outro modal, seu risco nesses quesitos é praticamente zero. Se você alugar uma estação de trabalho, não tem de se preocupar com um contrato de longo prazo, com investimento inicial, depreciação, manutenção, seguro, imprevistos. O risco de propriedade, o risco financeiro e o risco de manutenção daquele ativo não são seus.

Em alguns casos, como em mercados mais estabelecidos (Estados Unidos e Europa, por exemplo), é preciso olhar também para o risco operacional e o de disponibilidade. Se tenho uma frota de cem carros e a minha operação roda com todos eles na rua, caso um dê problema, minha operação é prejudicada, com reflexo direto no faturamento, na imagem e na reputação da empresa. A decisão de manter toda uma frota própria traz também um risco operacional que tenho de cobrir, invariavelmente, tendo alguma perda no processo.

E aqui entramos em um dos pilares mais importantes desta análise: **custos**. O foco na redução de custos sempre recebeu muita atenção, mas também ganhou especial destaque no pós-pandemia depois do estrangulamento de vários setores e processos. A modalidade *pay-per-use* – ou seja, eu pago apenas por aquilo que utilizo, aquilo de que efetivamente preciso – deixou de ser uma opção secundária para assumir lugar de destaque nas decisões gerenciais de empresas de qualquer porte.

Quem aluga um vestido ou um smoking de festa, usados por várias pessoas durante sua vida útil, não precisa pagar o preço cheio por aquela roupa cara que, se fosse comprada, muito provavelmente passaria a maior parte do tempo no armário, até "encolher" a ponto de não servir mais ou, mais provavelmente, ficar fora de moda. Alugando a roupa para um evento específico, você não precisa ir de loja em loja, de ateliê em ateliê a cada evento, nem precisa esperar o tempo que a costureira ou o alfaiate demoraria para fazer o traje sob medida, em geral bastam pequenos ajustes.

Por que tanta gente no mundo passou a andar de Uber ou outros serviços semelhantes? Porque você paga só pela viagem. Você não precisa pagar o carro inteiro, a manutenção, o combustível, o seguro, o IPVA. Você paga (e pouco) apenas pelo serviço prestado pelo tempo necessário.

Outro exemplo de modelo compartilhado que ganhou espaço: o *coliving*, as residências compartilhadas. Vemos inúmeros lançamentos de apartamentos muito menores, funcionais, com mobília inteligente e uma infraestrutura de apoio – também compartilhada – que supre praticamente todas as necessidades do morador. E o mais interessante: o endereço, um parâmetro que sempre foi fixo, agora pode ser variável, sem burocracia e perda de tempo. Pelo aplicativo, o morador pode escolher passar parte dos dias e das noites em outro imóvel da mesma rede, conforme sua necessidade e desejo, sem ter de levar televisão, fogão, geladeira, máquina de lavar, móveis. Aliás, essa pessoa não precisa ter nada disso, a unidade já é mobiliada.

Nesse exemplo, fica fácil identificar os três pilares: agilidade, baixo risco (quanta gente já não teve surpresas desagradáveis durante uma mudança?) e custo menor. Mais para a frente, vamos colocar tudo isso na ponta do lápis e comparar o que acontece com o seu bolso na economia tradicional e na nova economia.

Lembra-se do "compartilhamento" de namorados que mencionei antes? Então: você tem a agilidade de encontrar uma pessoa que combine com você e não tem o risco do compromisso sério, da expectativa por um relacionamento (a menos que o encontro evolua para isso, claro). Até os custos da paquera são menores: você não precisa ir a duzentas baladas até encontrar alguém que dê *match* com você.

TECNOLOGIA, EXPERIÊNCIA E COMUNIDADE

Além dos três pilares que sustentam a economia compartilhada, podemos ainda identificar três subpilares que são facilitadores de todo o processo: a tecnologia, a experiência e a comunidade.

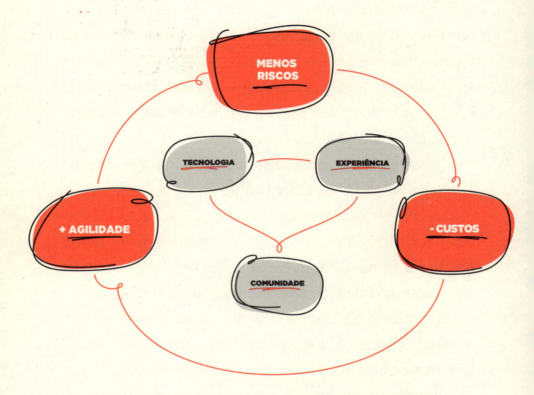

O primeiro deles é a **tecnologia**. Sem ela, muito pouco do que vemos e desfrutamos hoje seria possível. A tecnologia permitiu que muito mais pessoas tivessem acesso rápido e simples aos benefícios da economia compartilhada.

Um exemplo é o Airbnb: conseguimos localizar em instantes um imóvel para hospedagem porque o aplicativo e seus algoritmos conseguem fazer a conexão inteligente e rápida entre todos os elos desse serviço. E só é possível alugar um escritório hoje no Brasil para trabalhar amanhã na Índia porque existe uma inteligência tecnológica que permite saber a disponibilidade em tempo real de uma rede de escritórios compartilhados para fazer a locação de maneira rápida e assertiva.

O movimento entre a oferta e a demanda do espaço físico em si é algo que existe desde que Pedro Álvares Cabral colocou uma plaquinha de "aluga-se" no Brasil. E não havia mudado praticamente nada até a chegada da nova economia, quando os coworkings e escritórios flexíveis surgiram como opções mais ágeis, seguras e baratas do que os modelos tradicionais – graças à tecnologia.

O segundo subpilar é a metrificação da **experiência**, um único conceito que une tecnologia, qualidade e meritocracia. Ao compartilharmos, comentarmos e avaliarmos nossas experiências como usuários, temos o poder de melhorar produtos e serviços em uma velocidade sem precedentes na história. Isso porque a inteligência artificial e os algoritmos dos aplicativos e ferramentas digitais de fornecedores de produtos e prestadores de serviços automaticamente passam a priorizar os mais bem avaliados – em alguns casos, os usuários também são avaliados e os melhores são beneficiados em atendimentos futuros.

Um motorista de aplicativo bem avaliado será acionado primeiro, mesmo que haja outro com pontuação menor mais perto do usuário. Não há ninguém da empresa de carros compartilhados (ou bicicletas, patinetes, guarda-chuvas etc.) verificando se aquilo está funcionando bem, se está limpo, se o motorista é educado e por aí vai.

Na nova economia, o responsável por fazer essa jornada de experiência do usuário é o próprio usuário.

No passado, ao adquirir um produto ou serviço, esperava-se que a empresa fizesse a supervisão de todo o processo. Se alguém comprasse um carro e a concessionária entregasse o veículo sem o volante, reclamaria ao gerente que, depois de um longo e demorado trâmite, informaria a fábrica desse "pequeno problema" e iniciaria o processo de melhoria interna para evitar novas ocorrências (ou não!). Entretanto, se você pega uma bicicleta compartilhada na rua e ela está sem o guidão, você pode relatar o problema em tempo real no próprio aplicativo. Como usuário, você passa a ser responsável pela jornada de experiência de todos os clientes desse serviço.

O que isso muda? Tudo! Porque quando falamos de *customer experience* (experiência do cliente) definida pelo próprio consumidor, os negócios são modificados, reinventados. Os empreendedores da nova economia estão muito atentos a essa via de mão dupla, esse tráfego cada vez maior de usuários, que estão mais exigentes, mais tecnológicos e também mais imediatistas, que prezam a boa qualidade de suas experiências em todos os campos da vida (lembra-se das características das novas gerações?).

Esses empreendedores sabem que precisam agir rápido para apagar qualquer foco de descontentamento ou inadequação, sob risco de uma extinção igualmente rápida. Sabem e conseguem, porque não se trata mais de garotões de bermuda (nada contra as bermudas, hein) que um dia tiveram uma boa ideia, algum capital inicial e muita sorte. Eles têm agora uma grande rede de usuários, parceiros e clientes e, a partir de seus *inputs*, utilizam algoritmos, métricas, inteligência artificial e *machine learning* para moldar a jornada de *customer experience* com agilidade e precisão. Dessa forma, é extremamente difícil para os negócios mais antigos competirem no novo mercado – isso quando percebem e decidem reagir a essa revolução com rapidez.

Pense, por exemplo, em um banco digital. Quem tem conta em um desses empreendimentos faz muito mais ações sozinho; programando e montando seu próprio cardápio de serviços. O banco cruza essas preferências o tempo todo com a ajuda da inteligência algorítmica de que dispomos hoje e aprimora esses serviços praticamente em tempo real. Para se manterem competitivos, os bancos tradicionais precisaram correr atrás de inovações parecidas.

Eu tenho um banco digital no meu celular. Um dia, paguei duas vezes o mesmo boleto. O aplicativo então sugeriu: "Parece que você paga esse boleto todo mês. Deixe-nos ajudá-lo a automatizar isso. Conte conosco". A inteligência artificial percebeu que eu estava cometendo um erro e ofereceu a solução. Ter uma experiência dessas como cliente nos faz pensar: *Eles prestam atenção em mim, eles querem me ouvir*. Na nova economia, a experiência do usuário vem antes da operação – na maioria das vezes, vem antes até do ganho financeiro.

Quando você pega um Uber e depois da corrida dá uma nota ruim e pede o reembolso, a Uber o reembolsa sem questionar; só depois verifica o que aconteceu. É a volta do ditado "o cliente sempre tem razão" que nossos avós e bisavós praticavam. É uma relação de plena confiança que suplanta eventuais dissabores: mesmo que você tenha uma ou outra experiência ruim como usuário, não abandonará o serviço da Uber, que demonstrou confiar em você. Isso tem um valor enorme neste mundo cheio de esperteza e malandragem, e é justamente por isso que é preciso fornecer uma boa estrutura para que a máquina funcione – assim como auditar os processos e resultados para que a honestidade prevaleça.

Por último, para fechar os subpilares, falaremos de **comunidade**. Já falamos de *customer experience*, dos usuários que se beneficiam da agilidade, do menor risco, do menor custo – e que fazem tudo isso sob a égide da tecnologia. Quase como um efeito colateral, uma consequência de tudo isso, surge o senso de comunidade.

Quando o Waze lançou o aplicativo grátis de GPS compartilhado, qual foi sua grande sacada? Não era mapa, porque mapas já tínhamos muitos e muito bons. A sacada foi permitir que os usuários informassem onde tinha trânsito, onde tinha radar, onde tinha blitz policial, onde tinha acidente... Rapidamente, identificava-se ali um sentido de comunidade. Você podia criar um avatar, mandar mensagens, dar e receber dicas, tudo isso em tempo real.

Esse sentimento de pertencimento, de estarmos unidos de uma maneira – às vezes até meio tribal – em nome de um propósito comum, é uma ferramenta poderosa dentro da nova economia. Quando o cliente não é tratado como mais um, sua identificação e seu engajamento são muito maiores.

Por que falei disso tudo até aqui? Porque todos esses conceitos, esse cenário contemporâneo no qual estamos mergulhados, relacionam-se com a maneira como trabalhamos, como repensamos os modelos de trabalho e como, cada vez mais, encontramos novos caminhos a partir de velhas práticas. O mundo vem mudando rapidamente, precisamos acompanhar!

Aponte a câmera do seu celular para o QR Code ao lado e acesse este conteúdo exclusivo!

CAPÍTULO 5

NEM HOME NEM OFFICE: O HÍBRIDO VEIO PARA FICAR

Aponte a câmera do seu celular para o QR Code ao lado e acesse este conteúdo exclusivo!

DE ALGUM TEMPO PARA CÁ, VIVEMOS VERDADEIRAS REVOLUÇÕES no modelo de trabalho e nas tomadas de decisão de CEOs em todo o mundo. Home office, trabalho híbrido, legalidade nos contratos, flexibilização de horários, segurança digital, novos protocolos e novas formas de relacionamento e interação: tudo foi discutido, pensado, visto como vilão ou mocinho incontáveis vezes. E, acredite, ainda se estuda a melhor maneira de lidar com todas essas mudanças, que para a grande maioria das empresas foi uma decisão tomada de maneira repentina em um momento de crise.

Após a pandemia, inúmeras grandes empresas mudaram suas rotas à medida que estudavam as situações e o que elas significavam para seus colaboradores e negócios. Um consenso observado é que o home office, por exemplo, com suas inúmeras vantagens e desvantagens, funcionou bem para algumas pessoas e empresas, mas não é uma unanimidade. A situação abriu os olhos de gestores e líderes para a necessidade de inovação no modo de trabalho, mas também escancarou lacunas que precisam ser reinventadas em nome do necessário equilíbrio entre vida pessoal e profissional.

Posso citar gigantes como Apple e Google. Depois de mandar suas equipes para casa no início da pandemia, em 2020, o presidente da Apple, Tim Cook, mandou um e-mail para os funcionários comunicando que adotariam o modelo híbrido de trabalho a partir de setembro de 2021, alternando três dias presenciais no escritório e dois em home office para quem assim o desejasse.[11]

Já o Google decidiu que, após a pandemia, 60% do quadro ficaria nos escritórios alguns dias por semana, 20% iria para um novo local de trabalho e os 20% restante ficaria em casa. A empresa tem cerca de 140 mil funcionários espalhados em diversos países. O CEO do Google, Sundar Pichai, escreveu para seus funcionários em um e-mail:

> Vamos mudar para um trabalho híbrido semanal em que a maioria dos Googlers passarão aproximadamente três dias no escritório e dois dias onde trabalham melhor, já que o tempo no escritório será focado na colaboração. Suas áreas

---

[11] HAMILTON, I. A. Tim Cook asks Apple employees to come back to the office 3 days a week from September. **Insider**, 3 jun. 2021. Disponível em: https://www.businessinsider.com/apple-tim-cook-return-office-working-from-home-three-days-2021-6. Acesso em: 4 dez. 2021.

> de produto e funções ajudarão a decidir em qual dia a equipe se reunirá no escritório. Também haverá funções que podem precisar estar no local mais de três dias por semana devido à natureza do trabalho.[12]

O novo modelo apresentado por duas das maiores empresas de tecnologia do planeta demonstram que as organizações têm colocado na balança os diversos formatos de trabalho e estão buscando as modalidades que melhor atendam aos seus objetivos e modelo de negócios.

Milhares de grandes empresas no Brasil – entre elas também as gigantes Petrobras, TOTVS, Stefanini, Estapar, Enjoei, Locaweb e Vitacon – divulgaram publicamente sua preferência pelo modelo híbrido.[13] Em pesquisa divulgada recentemente em um portal de recursos humanos oferecido pela Google Cloud, representantes das empresas responderam sobre a adoção do modelo híbrido de trabalho na sua base e como se planejam para os próximos anos. Veja a seguir alguns resultados:[14]

---

[12] A MESSAGE From Our CEO: A Hybrid Approach to Work. **The Keyword**, 5 maio 2021. Diponível em: https://blog.google/inside-google/life-at-google/hybrid-approach-work/. Acesso em: 4 dez. 2021.

[13] PETROBRAS adota modelo permanente de teletrabalho. **Agência Petrobras**, 31 ago. 2020. Disponível em: https://www.agenciapetrobras.com.br/Materia/ExibirMateria?p_materia=983009. Acesso em: 28 nov. 2021.

[14] NEDER, V. Empresas preveem volta do escritório em 2022 e adotam trabalho híbrido de forma permanente. **Terra**, 25 maio 2021. Disponível em: https://www.terra.com.br/economia/empresas-preveem-volta-ao-escritorio-em-2022-e-adotam-trabalho-hibrido-de-forma-permanente,19cdba815c849a863e487ef84bd73a1c5bqy7v98.html. Acesso em: 28 nov. 2021.

- 44% dos entrevistados trabalham em empresas que já adotaram o modelo híbrido e 9% em empresas que decidiram seguir com o modelo 100% remoto;
- 43% das pessoas trabalham em companhias que definiram que pretendem adotar o modelo híbrido e 47% se sentem confiantes trabalhando dessa forma;
- Economia de tempo com o transporte é o principal benefício do home office para 67% dos entrevistados;
- O café com os colegas de trabalho é um dos hábitos de que os entrevistados mais sentem falta ao trabalhar em home office, citado por 50% dos participantes.

HOME OFFICE: PROBLEMA OU SOLUÇÃO?

Com a pandemia e a obrigatoriedade da mudança para o modelo de home office, o que se percebeu, ao fim de meses mergulhados dentro do próprio ambiente doméstico, é que a ideia de trabalhar 100% em casa, tão desejada por alguns profissionais, na prática se revelou uma armadilha capaz de tornar o *home-sweet-home* de alguns em uma espécie de "puxadinho do inferno".

Isso porque, ao se misturar trabalho e vida pessoal, perdeu-se um limite importante entre o tempo dedicado a cada uma das esferas sociais. Tornou-se comum, por exemplo, ouvir relatos de pessoas que passaram a fazer jornadas ainda mais longas em casa, com reuniões on-line que se multiplicaram de maneira assustadora. Esse problema ganhou até nome: *Zoom fatigue*, provocado pelo excesso de encontros virtuais, que geralmente também extrapolavam o expediente.

Aumentou-se a cobrança por parte uma liderança ainda pouco acostumada a distância, cuja necessidade de controle causou uma série de conflitos nas equipes. A autonomia, um princípio básico para uma gestão remota eficiente, foi prejudicada por uma série de novos hábitos, como por exemplo a necessidade de registrar cada uma das tarefas cumpridas para comprovar a própria produtividade. É claro que tudo isso significou mais pressão e sofrimentos psíquicos de diversas ordens.

Em outras palavras, o que prometia ser a possibilidade de uma rotina mais flexível e produtiva, em muitos casos deu lugar a uma escravidão digital mediada pelas conversas no WhatsApp (e os famigerados dois tiques azuis), os milhares de e-mails lotando as caixas de entrada e, obviamente, as reuniões via Zoom, Google Meet, Skype, Teams etc.

Não é à toa que a Microsoft conquistou, em junho de 2021, um raro feito entre as empresas americanas: ultrapassou, pela primeira vez, o valor de mercado de 2 trilhões de dólares – antes dela, apenas a Apple havia registrado esse número. Grande parte desse resultado se deveu à digitalização absurdamente acelerada pela qual as companhias passaram em meio à pandemia. A Microsoft havia atingido 1 trilhão de dólares apenas dois anos antes.

Vamos voltar um pouco ao tema das divergências entre as gerações para entender como cada uma delas viveu e tem vivido essas experiências. Quem você acha que se adaptou melhor ao formato home office de trabalho? *Baby Boomers*, Geração X, *Millennials* ou Geração Z? Se você respondeu "Geração Z" pensando que, afinal, é a turma mais nova e provavelmente mais adaptável às mudanças, errou.

Uma pesquisa realizada pela startup Pulses, focada em soluções para gerenciamento de pessoas, mostrou que os *Millennials* e os jovens da geração Z tiveram as piores percepções sobre o trabalho em casa.[15] O levantamento dos dados foi realizado com a participação de 456 empresas brasileiras e ouviu mais de 130 mil profissionais de março a junho de 2020, ou seja, quando a pandemia ainda estava só começando.

Segundo o estudo, 45% dos profissionais da Geração Z afirmaram estar se sentindo mais ansiosos em home office, contra 36% dos *Millennials*, 23% da Geração X e apenas 15% dos *Baby Boomers*. O que explicaria esses resultados, já que vimos que os mais novos estão sempre mais aptos à flexibilização e à tecnologia? Aponto aqui alguns fatores que desequilibram essa equação.

Os profissionais mais experientes, apesar de terem demorado mais para se conectar com as ferramentas digitais, têm mais facilidade para a autogestão e

---

[15] BLUM, B. Geração Z é a mais insatisfeita com home office, afirma pesquisa. **Folha de S.Paulo**, São Paulo, 3 nov. 2020. Disponível em: https://www1.folha.uol.com.br/sobretudo/carreiras/2020/11/geracao-z-e-a-mais-insatisfeita-com-home-office-afirma-pesquisa.shtml. Acesso em: 28 nov. 2021.

as competências emocionais bem desenvolvidas para lidar com a pressão do isolamento – desde que, claro, nessa conta fiquem de fora as tradicionais atividades domésticas e o *homeschoolling* dos filhos, este último um fator que se somou ao cenário da pandemia. Além disso, por terem crescido em ambientes de menos estabilidade política e econômica, os mais velhos são mais preparados para lidar com situações adversas.

Já os jovens da Geração Z, ainda que sejam nativos digitais (ou justamente por isso), são os que mais precisam de interação social, da sensação de pertencimento e do reconhecimento dos chefes e colegas de trabalho. A falta de contato faz com que se sintam inseguros sobre si e sobre o futuro, resultando em um comportamento de alta procrastinação e baixa concentração. O cafezinho no corredor, para eles, nunca fez tanta falta!

Essa dificuldade em gerir o próprio tempo, quando associada a um cenário de incertezas, aumenta consideravelmente o nível de ansiedade desse grupo, interferindo inclusive na produtividade, pois provoca um desalinhamento entre propósitos individuais e carreira, algo que consideram como um grande valor.

Na busca por atenuar esses conflitos e encontrar soluções para ambientes de trabalho flexíveis e que deem resultado, os gestores de RH concentraram-se no que seria um meio termo para acomodar todas as gerações. Após a experiência do home office ter sido vivida intensamente, chegou-se à conclusão de que, embora sejam muitas as vantagens do trabalho em casa, eliminar completamente o convívio social pode não ser a melhor estratégia para a saúde mental dos profissionais, para a produtividade e, consequentemente, para os resultados dos negócios como um todo.

Temos de nos moldar a uma nova realidade na qual a flexibilidade de horários, de locais e de formatos precisará ser encarada. A saída para essa encruzilhada aponta para o caminho que Apple, Google e tantas outras gigantes de diversos setores já decidiram trilhar: nem 100% *home*, nem 100% *office*.

E O QUE É ESSE TAL DE HÍBRIDO?

Antes de mergulhar nas nuances, benefícios e desvantagens desse formato, vale explicar o que é o modelo híbrido, como a legislação entende suas características e os direitos e deveres dos profissionais.

É considerado híbrido o trabalho que permite ao colaborador flexibilizar sua jornada de trabalho presencial ou remota. A configuração dessa divisão é determinada pelas regras internas de cada organização: algumas empresas optam por intercalar dias da semana – dois em casa e três no escritório, por exemplo – ou mesmo semanas alternadas em cada um dos ambientes. O que importa, nesse caso, é a possibilidade de mudar o local de trabalho para aproveitar melhor os momentos de produtividade.

Para especialistas em gestão de carreiras e desenvolvimento pessoal, o formato híbrido permite aos profissionais manter o equilíbrio entre trabalho, vida pessoal e produtividade, sem que nenhum prato dessa balança pese mais do que o outro.

Por ser novo no Brasil, a legislação trabalhista ainda não tem um dispositivo para regulamentar adequadamente o trabalho híbrido ou mesmo o home office. Com a Reforma Trabalhista de 2017, a Consolidação das Leis do Trabalho (CLT), no artigo 75-A, passou a prever os casos de teletrabalho, modalidade em que as atividades profissionais devem ser realizadas fora da empresa.

O texto da CLT define o teletrabalho como a "prestação de serviços preponderantemente fora das dependências do empregador, com a utilização de tecnologias de informação e de comunicação que, por sua natureza, não se constituam como trabalho externo"[16] e prevê as negociações do tipo de trabalho em um acordo individual. Durante a pandemia, a Medida Provisória 927 tentou elucidar melhor o tema, mas, com o fim de sua vigência, as empresas se viram na necessidade de fazer um aditivo de contrato para regulamentar a relação de trabalho híbrida.

Projetos de lei tramitam no Congresso, mas por enquanto as duas partes – empregados e empregadores – ainda buscam uma relação justa e satisfatória para ambos. Vale lembrar que todas as obrigações trabalhistas permanecem, como cumprimento de jornada de trabalho e intervalos de descanso. Muitas empresas deixam de cumprir esses requisitos pelo fato de os colaboradores

---

[16] BRASIL. Lei n. 13.467, de 13 de julho de 2017. Altera a Consolidação das Leis do Trabalho (CLT). Brasília, 2017. Disponível em: http://www.planalto.gov.br/ccivil_03/_ato2015-2018/2017/lei/l13467.htm. Acesso em: 04 dez. 2021.

estarem parte do tempo fora das dependências físicas da organização. Negligenciar essas obrigações pode ocasionar problemas futuros com causas trabalhistas.

Dito isso, quais são, afinal, as principais vantagens desse modelo que promete ser o futuro do trabalho? Para especialistas em gestão de carreiras e desenvolvimento pessoal, o formato híbrido permite aos profissionais manter o equilíbrio entre trabalho, vida pessoal e produtividade sem que nenhum prato dessa balança pese mais do que o outro. Isso porque, apesar dos benefícios de atuar em casa serem muitos, uma situação registrada com frequência por pessoas que adotaram o home office na pandemia foi o aumento na jornada diária e a dificuldade de se desconectar no fim do expediente – seja por cobrança superior ou pela necessidade de mostrar resultados.

Comportamentos como esses podem ser um poderoso gatilho para apagar as fronteiras entre trabalho e lazer e, em casos mais extremos, comprometer a saúde dos trabalhadores. Não é à toa que o Brasil registrou um aumento expressivo de casos relacionados à Síndrome de Burnout, caracterizada por um quadro de sofrimento psiquiátrico desencadeado por fadiga e estresse gerados pela sobrecarga de trabalho e compromissos. Relativamente nova, essa síndrome entrou para a Classificação Internacional de Doenças (CID) da OMS apenas em 2019, e muitas vezes é confundida com outros transtornos mentais, como depressão e ansiedade, pois assim como nesses, a pessoa desenvolve altos graus de irritabilidade, insônia e perda da vontade de fazer suas atividades habituais.

A possibilidade de unir a flexibilidade conquistada no home office com o convívio nos escritórios é uma forma de equilibrar a jornada, trazendo mais qualidade de vida para as pessoas e, em contrapartida, criando melhores performances no dia a dia laboral. Arrisco aqui a dizer que seria uma forma de recuperar parte daquele bem-estar dos primórdios da humanidade, quando o trabalho ainda não era visto como um sacrifício ou um castigo pessoal.

Uma pesquisa[17] do International Data Corporation (IDC) encomendada pelo Google Cloud e divulgada em maio de 2021 revelou que o modelo híbrido é o mais desejado pelos trabalhadores de grandes empresas brasileiras – e que, até o início do ano, quase metade dessas empresas já tinha se decidido por esse modelo para torná-lo padrão nos anos seguintes. Apenas 9% das companhias ouvidas declararam que pretendiam permanecer no modelo totalmente remoto. Mesmo entre as que ainda não tinham se definido – 33% da amostragem – o modelo híbrido era o preferido de 59% dos trabalhadores (entre os jovens de 18 a 21 anos, a taxa pulava para 76%). Três em cada quatro profissionais declararam que se sentiam melhor e mais produtivos trabalhando a distância, mas, ao mesmo tempo,

---

[17] MUSCOLINO, H. Hybrid Work Models Define the Future of Work. **IDC**, mar. 2021. Disponível em: https://www.idc.com/getdoc.jsp?containerId =US47550221. Acesso em: 28 nov. 2021.

sentiam falta da interação presencial com os colegas. Do lado dos empregadores, ao reduzir o nível de estresse dos trabalhadores – fruto de menos horas no trânsito, mais horas com a família, maior autonomia e tempo de qualidade com as equipes nos encontros presenciais – ganha-se engajamento do time e, consequentemente, mais chance de melhores desempenhos.

Já ficou claro que as empresas que adotam esse formato de trabalho conquistam alguns pontos importantes: redução de custos, melhoria na gestão pessoal do tempo e na qualidade de vida dos empregados, diminuição nos atrasos e faltas, aumento na produtividade, retenção e atração de talentos e fortalecimento da cultura organizacional.

A **redução de custos** tem grande impacto tanto para os funcionários quanto para os empregadores. Menos pessoas nos escritórios significa diminuição nas contas de energia da empresa, no uso de dados de internet, nos insumos do dia a dia – desde o cafezinho até os itens de limpeza, e em benefícios como vale-transporte, uma vez que passam a ser menos utilizados no deslocamento dos empregados para o local de trabalho. Muitas empresas que optam por esse modelo também acabam reduzindo suas estruturas, seja migrando para prédios menores, seja contratando escritórios flexíveis ou espaços de coworking, o que também traz importantes impactos nos custos, como veremos no próximo capítulo.

Para o bolso do empregado, o híbrido, em geral, representa menos custos com alimentação fora de casa e com transporte, além de outras despesas que podem aparecer no tempo de deslocamento até o trabalho.

A possibilidade de melhor **gestão do tempo** é certamente uma das principais vantagens do modelo, pois impacta diretamente a **qualidade de vida** dos funcionários de uma empresa. Ao alternar entre casa e escritório, o colaborador fica menos exposto a situações que possam lhe causar estresse e preocupações – como o trânsito e a insegurança de grandes cidades – diariamente, ganha mais horas de sono e passa a gerenciar melhor o tempo com sua família, sem abrir mão do convívio social com os colegas.

Se minhas palavras não o convenceram, vamos aos números. Se eu economizar uma hora por dia de deslocamento (meia hora de manhã, meia hora à tarde), estou falando em cinco horas por semana. Multiplique pelas cinquenta e duas semanas do ano e você terá ganhado duzentas e cinquenta horas no fim do ano (mais de dez dias, portanto). Em trinta e cinco anos de trabalho, você terá ganhado nada menos que um ano inteiro. Um ano que você teria passado dentro do carro, do ônibus ou do metrô. Que desperdício!

Do ponto de vista corporativo, a questão da mobilidade é igualmente fundamental. Imagine o impacto dessas duzentos e cinquenta horas anuais em mil, dez mil, cem mil colaboradores. Um impacto brutal em motivação, engajamento, produtividade.

Quando uma empresa gigantesca monta uma sede enorme em um bairro nobre (como na famosa região da avenida Faria Lima, em São Paulo) e faz todo mundo sair de seus bairros para chegar ao trabalho, ela não está fazendo essa conta. Agora, quando recebo clientes que buscam soluções como: "Eu tenho cem funcionários e quero cinco escritórios da Regus com salas para vinte pessoas cada, em lugares mais próximos de suas residências", eles podem não saber, mas não só estão fazendo bem ao funcionário como também ao próprio negócio.

Se amanhã ou depois um concorrente tentar roubar um funcionário dessa empresa oferecendo mais dinheiro, mas não o conceito real de flexibilidade/mobilidade, é lógico que o trabalhador escolherá a que oferece melhor qualidade de vida.

Outra vantagem apontada por quem já vive dentro desse esquema é o aumento na disposição para fazer exercícios físicos, cursos (de interesse pessoal ou profissional) ou qualquer outra atividade que promova lazer no tempo livre. Tudo isso melhora o bem-estar geral do trabalhador e resulta em vantagens também para a empresa, que vê **redução nos atrasos** e no absenteísmo e, consequentemente, aumento na **produtividade**. Esse é um ponto que merece maior atenção porque impacta todas as esferas do negócio.

As pessoas são diferentes em seus hábitos e comportamentos. Há quem seja mais produtivo pela manhã, enquanto outros trabalham melhor à tarde ou até mesmo na madrugada. Para uns, os ruídos do escritório não são um impedimento para a concentração; para outros, o silêncio absoluto é fundamental para atingir a máxima produtividade, e uma conversa paralela ou o toque de um telefone atrapalham sua concentração, criatividade e raciocínio.

No modelo híbrido, os colaboradores podem definir com muito mais elasticidade a melhor forma de executar suas tarefas, levando em consideração suas metas e obrigações a cumprir. O que importa, nesse caso, não é onde eles estão realizando essas funções, mas os resultados. Essa flexibilidade, de modo geral, favorece a gestão do tempo, estimula a autonomia e passa mais confiança para os funcionários, o que faz muita diferença no engajamento coletivo.

Todos esses aspectos somados contribuem para a satisfação da equipe e tendem a **fortalecer a cultura da organização**. Esse é um fator de bastante relevância, principalmente para a Geração Z, que precisa dessa sensação de pertencimento e de reconhecimento em seus valores e competências. Para o RH, isso tem um valor brutal com forte impacto na retenção e atração de talentos, diminuindo consideravelmente o turnover do quadro da empresa – o que, por sua vez, impacta positivamente no corte de gastos associados à rotatividade. Não é difícil concluir que o trabalho se torna mais qualificado e toda a cadeia se beneficia, inclusive com aumento da lucratividade.

"Então quer dizer que não há qualquer desvantagem no modelo híbrido e estamos diante de um formato dos sonhos?" Claro que não. Estamos assistindo, em tempo real, a uma verdadeira transformação nos paradigmas do trabalho. Há muitas cartas na mesa e será preciso derrubar inúmeros conceitos para fazer dar certo.

Sim, é verdade que trabalhadores híbridos podem ser mais felizes ao obter um equilíbrio entre a vida pessoal e a profissional, mas é igualmente verdade que isso requer abandonar abordagens tradicionais que só fazem sentido baseadas na presença física da equipe no mesmo espaço e passar a pensar em abordagens de gerenciamento focadas em apresentação de objetivos e metas. E esse é um papel que as lideranças deverão estar preparadas para cumprir.

CAPÍTULO 6

O QUE VOCÊ PRECISA SABER PARA IMPLANTAR O MODELO HÍBRIDO

Aponte a câmera do seu celular para o QR Code ao lado e acesse este conteúdo exclusivo!

O GRANDE DESAFIO DE MERGULHAR NESSE MUNDO HÍBRIDO É A complexidade que ele impõe de transitar o tempo inteiro entre o "on" e o "off", o presencial e o remoto, o *home* e o *office*. Para que isso seja viável e a máquina rode em sua maior performance, é fundamental pensar em conceitos como *workplace*, conectividade, engajamento, interação social, valores e propósito. Isso tudo dentro de uma estrutura que permita que as pessoas realizem suas entregas e permaneçam motivadas na busca pelos resultados coletivos.

Questões que antes não eram consideradas dentro das empresas do dia para a noite se tornaram não apenas relevantes como fundamentais. Como manter as equipes alinhadas nos períodos de trabalho fora do escritório? Como garantir que todos cumprirão suas funções longe da vista dos gestores? Como garantir que trabalhem de maneira saudável, sem sobrecargas (inclusive as autoimpostas)? Como integrar novos funcionários que eventualmente não venham a ter contato presencial com os demais colegas da equipe? Como vencer a resistência de líderes acostumados à ideia de que é preciso ter seus times abaixo dos seus olhos para supervisioná-los e motivá-los?

Um dos caminhos para que as equipes híbridas consigam estabelecer um formato de trabalho saudável e com alto desempenho é a priorização da chamada *Employee Experience* (EX). Trata-se de aplicar os conceitos de experiência do usuário (*User Experience* – UX) para o público interno, entendendo o perfil, as necessidades, os anseios e tudo o que faz seu olho brilhar. <u>A relação que a empresa mantém com seus colaboradores precisa ser entendida como uma jornada na qual o empregado é o foco central das decisões tomadas pelo RH. O objetivo é promover ações que visem o crescimento e o bem-estar de todos. E não estou falando apenas de horários flexíveis, pacotes de benefícios e máquinas de lanches nos escritórios.</u>

A EX tenta mapear como os colaboradores pensam e se sentem durante cada ponto de contato com a empresa: suas interações com a liderança, o relacionamento entre as equipes, o sentido do que fazem e por que fazem. A mais pura aplicação de *"people first"*. A ideia é otimizar a experiência dos indivíduos no trabalho de modo a proporcionar bem-estar físico, psicológico e emocional. Quando bem-sucedida, a metodologia faz com que as equipes trabalhem em alta performance e convertam esse sentimento de pertencimento em resultados financeiros para a companhia.

Alguns pontos são fundamentais para entender essa lógica e o que pode fazer a diferença em um ambiente corporativo gerido a distância: comunicação estratégica, liderança engajada, tecnologia e segurança da informação. Vamos a cada um deles.

COMUNICAÇÃO ESTRATÉGICA

Promover a EX é um esforço de longo prazo e depende da troca constante entre líderes e liderados. Essa talvez seja uma das grandes barreiras do modelo híbrido de trabalho, pois o nível de informação de qualidade sobre os empregados impacta diretamente o nível de satisfação e engajamento da equipe.

Garantir uma comunicação transparente na qual todos recebam as informações necessárias não é uma tarefa fácil nem mesmo no modelo presencial. Apesar das dificuldades para que isso aconteça, no modelo híbrido a importância dessa comunicação é ainda maior, pois trata-se da base do trabalho remoto e deve estar orientada ao alinhamento de projetos e à confiança nas relações – confiança é o que sustenta esse modelo.

Dentro das empresas, a comunicação precisa ser encarada de maneira estratégica, de modo a manter as equipes alinhadas com os discursos e práticas da organização, estejam onde estiverem. Transparência, coerência e ética estão na ordem do dia, principalmente em um contexto em que as informações circulam de maneira abundante e cada vez mais rápida, e torna-se fundamental entender como se relacionar com o público interno. Um dos maiores riscos, nesse caso, é dividir as pessoas em "in" (presencial) e "out" (home office), privilegiando determinados grupos ou criando hiatos entre eles.

Distantes do campo de visão mais imediato de empregadores e gestores, colaboradores em regime de home office ainda são vistos por alguns desses mesmos gestores e empregadores – e às vezes por colegas em regime presencial – como privilegiados por, supostamente, cumprirem uma jornada de trabalho menor e com menos custos físicos, mentais e financeiros. Nessa situação, os profissionais "in" tendem a ser vistos como mais colaborativos, atuantes e produtivos. O fluxo de informações relevantes é mais intenso entre eles, horizontal e verticalmente.

O mais comum, no entanto, é que ocorra o contrário entre os profissionais "out": jornadas de trabalho sem começo e sem fim claros, estresse (pela falta desses limites e de feedback) e relevantes custos não reembolsados (água, luz, internet, manutenção de equipamentos, alimentação, eventualmente aluguel de um espaço etc.).

Essa percepção distorcida é corrigida pela comunicação aberta, transparente e recorrente entre as partes, na qual metas, métricas e feedbacks têm papel primordial no estabelecimento da sensação de equidade entre os times, com reflexos na interação entre eles, no fluxo de informações relevantes e, por fim, da produtividade.

Em geral, a comunicação com os empregados é um ponto crítico não apenas para nivelamento e engajamento, mas para a manutenção da reputação empresarial. Como sua empresa conversa com os colaboradores? Quais ferramentas são as mais adequadas? Há espaço para feedbacks e críticas? A alta gestão se comunica com todas as equipes? As áreas conseguem se relacionar entre si? O fluxo da informação respeita os caminhos preestabelecidos no organograma da empresa?

Quando o trabalho é realizado a distância, essas questões ganham maior dimensão porque a falha na comunicação pode criar lacunas que são preenchidas por rumores e desinformação que em nada contribuem para o clima organizacional. Não há regra para lidar com tudo isso nem no modelo presencial nem no remoto, por isso é preciso compreender o próprio público e apostar em soluções que façam sentido para a empresa.

Uma questão para se ter em mente é saber quando usar comunicação síncrona ou assíncrona. Síncrona é aquela que acontece em tempo real: uma conversa presencial, uma chamada de telefone ou vídeo, uma troca de mensagens simultâneas no WhatsApp. É comum equipes remotas menos experientes utilizarem esse recurso e trabalharem *full time* por meio de chats e videoconferências. Isso, porém, engessa a rotina, uma vez que demanda tempo dos envolvidos, gera dependência e pouca flexibilidade, além de aproximar-se da armadilha de reuniões infinitas e pouco produtivas. Pior ainda, compromete a saúde mental de todos, pois ser acionado o tempo inteiro é exaustivo e estressante. Esse tipo de comunicação deve ser utilizado quando houver a necessidade de respostas mais rápidas e de resolver questões mais urgentes, ou ainda para promover conexão entre as pessoas e fortalecer a cultura da organização e o entrosamento entre times diferentes.

Já a assíncrona é a comunicação que acontece de maneira não simultânea. Geralmente é o tipo padrão das equipes mais experientes e confiantes, nas quais se busca proporcionar mais liberdade aos colaboradores para organizarem suas rotinas e seus fluxos de trabalho. Ninguém fica disponível o tempo todo, por isso cada um consegue focar suas atividades sem tantas interrupções, entregar respostas mais consistentes, gerir melhor o próprio conhecimento e autonomia. A comunicação assíncrona só não funciona bem para questões que necessitem de tomada de decisões imediatas.

Dito isso, vale a regra de ouro: é urgente? Ligue, mande mensagem pelo WhatsApp, abra uma chamada de vídeo com o time. Não é urgente? Mande e-mail, utilize os canais de comunicação internos ou plataformas de organização da equipe para registrar informações, atualizações, dúvidas, críticas e sugestões.

E vou além: não basta estar preocupado com o que dizer e para quem. O "como dizer" adquire ainda mais relevância quando as pessoas passam a se ver com menos frequência e a interagir em diferentes plataformas, cada uma com suas peculiaridades, limitações, códigos e etiqueta próprias. Sem o contato visual (real ou digital), a linguagem não verbal (que inclui os gestos, os olhares, as expressões faciais, o tom de voz, a postura e até o silêncio) perde força e abre espaço para interpretações enviesadas ou completamente equivocadas. É aqui que entra a importância da prática da Comunicação Não Violenta (CNV).

A CNV é uma abordagem criada pelo psicólogo americano Marshall Rosenberg[18] que busca evitar conflitos por meio da adoção de uma comunicação respeitosa ao outro. Um de seus maiores preceitos está na importância de uma escuta empática, na qual se busca identificar os sentimentos e necessidades daqueles com quem nos comunicamos. As quatro noções básicas da CNV são:

1. Evitar julgamentos;
2. Reconhecer emoções desconfortáveis;
3. Identificar necessidades não atendidas;
4. Viabilizar a convivência.

Nem sempre é fácil prestar atenção a esses pontos, principalmente quando a comunicação se dá por meio de telas de celular e computador, mas quando atentos à prática, gestores e equipes conseguem criar um ambiente

---

18 ROSENBERG, M. **Vivendo a comunicação não violenta:** como estabelecer conexões sinceras e resolver conflitos de forma pacífica e eficaz. Rio de Janeiro: Sextante, 2019.

em que é possível ouvir, ser ouvido, receber e fazer críticas sem que isso se torne motivo de conflito.

LIDERANÇA ENGAJADA

Uma barreira enfrentada em diversas empresas quando o assunto é trabalho híbrido é a resistência de gestores que ainda acreditam no convívio exclusivamente presencial para supervisionar e motivar suas equipes. De fato, para quem lidera à moda antiga, estar distante fisicamente dos times, mesmo que apenas em alguns dias da semana, é um desafio a ser ultrapassado. Por isso, a liderança precisa arregaçar as mangas, romper barreiras e ressignificar os modelos de gestão remota. Em poucas palavras: terá de rolar muita capacitação para se aprender a liderar no novo cenário.

Os pontos de maior sensibilidade nos momentos de home office envolvem bons fluxos de comunicação e conexão com as equipes e as tarefas delegadas. Nesse caso, vale a coerência e a constância nas decisões e no que precisa ser realizado. Não dá mais para engolir a ideia de que o gestor é uma estrela que entrega sozinha os resultados. O trabalho, mais do que nunca, é colaborativo.

Ao adotar o modo híbrido, é importante que os gestores consigam equilibrar os dias de quem vai ao escritório e os de quem fica em casa, e não atribuam diferenças de valor entre o que acontece no home office e no presencial. O que conta é como essa alternância contribui para a gestão do tempo e para a produtividade coletiva. Para isso, deve-se conduzir as tarefas de maneira mais modular, dividindo o que deve ser realizado de maneira síncrona e assíncrona, com o objetivo de evitar a dependência uns dos outros para decisões pequenas, comprometendo a agilidade do resultado final e a boa relação entre as pessoas.

A produtividade, palavra que foi parar nas capas de livros e lives, nunca esteve tanto em evidência. A grande preocupação das lideranças era (e ainda é) como acompanhar a rotina de quem está em casa e saber se o desempenho de cada empregado é satisfatório. Sim, é possível monitorar as equipes a distância desde que haja acordos claros sobre resultados, métodos de acompanhamento de processos e até mesmo sistemas de gestão de desempenho. Às vezes, uma boa agenda na nuvem ou aplicativos como Trello cumprem boa parte desse papel e facilitam para que todos estejam na mesma página.

Seja no *on* ou no *off-line*, continua valendo a liderança pelo exemplo. Bons gestores conquistam o respeito de seus times porque dão sentido ao que fazem não apenas com discursos motivacionais, mas também com uma prática coerente. É o velho "a palavra convence, mas o exemplo arrasta". Isso inclui, em muitas situações, abrir mão do controle que se conhecia no passado, descentralizar as decisões, empoderar os colaboradores da equipe e apostar mais na entrega e menos nas horas registradas no ponto eletrônico. Algumas dicas para se ter em mente, quando se é gestor de uma equipe híbrida:

Questões que antes não eram consideradas dentro das empresas do dia para a noite se tornaram não apenas relevantes como fundamentais.

- Foque na *Employee Experience*;
- Invista em espaço e tecnologia para unir os mundos físico e digital;
- Faça acordos sobre horários, metas, entregas e prazos;
- Dê autonomia aos colaboradores em suas competências e funções;
- Estabeleça um método de acompanhamento das atividades e combine isso de maneira clara com a equipe;
- Dê feedbacks frequentes (elogie em público, critique em particular);
- Seja transparente e claro sobre o que espera da produtividade dos colaboradores;
- Fortaleça a comunicação assíncrona na equipe;
- Ajuste as reuniões – presenciais ou virtuais – para que nenhum colaborador fique desfalcado;
- Crie benefícios para atender de maneira justa os dois formatos;
- Capacite o time para a flexibilidade da sua própria jornada;
- Fique atento à exaustão digital dos colaboradores;
- Entenda que flexibilidade envolve abrir mão do controle do tempo das pessoas e aposte na entrega como termômetro de desenvolvimento pessoal.

TECNOLOGIA E SEGURANÇA DA INFORMAÇÃO

Por conta da pandemia, a transformação digital foi acelerada a tal ponto que tudo o que estava previsto e planejado para os próximos anos passou a ser "para ontem". Um número brutal de empresas, escolas, organizações e pessoas físicas de todas as idades se viram na obrigação de fazer uma imersão profunda e meteórica no mundo virtual. Assim, a tecnologia e a segurança da informação rapidamente ocuparam o lugar de principal preocupação, especialmente para as grandes empresas, independentemente da natureza de seus negócios.

Esqueça a ideia de tecnologia que aflorou com toda força no formato do home office implantado sem planejamento nesse período, em que cada pessoa passou a dar expediente em casa sem qualquer ordem, grudada no WhatsApp. Em um modelo híbrido planejado, os colaboradores precisam de uma estrutura organizada que lhes permita impulsionar sua produtividade e inovação a qualquer hora, de onde estiverem – e com o mesmo nível de eficiência e segurança que teriam trabalhando nos espaços da empresa.

Como poderão trabalhar de casa ou no escritório, todos os colaboradores devem poder acessar as informações necessárias sem riscos para a empresa. Daí a importância dos sistemas de armazenamento em nuvem e da adoção de plataformas e aplicativos que favoreçam a segurança na comunicação, a gestão de projetos, o atendimento aos clientes, a documentação, o acompanhamento de produtividade e de processos, além de tantos outros. Não há eficiência no trabalho híbrido sem soluções que cumpram o propósito de conectar quem está no escritório com quem está trabalhando de casa de modo fácil, rápido e eficaz.

De olho nessa tendência, o Google vem agregando cada vez mais funções ao Meet, sua plataforma de reuniões virtuais. Em junho de 2021, a gigante da tecnologia propôs tornar a experiência de home office e escritório ainda mais unificada por meio de uma ferramenta chamada Companion Mode, que oferece as mesmas funções e recursos para todos os presentes na chamada. A novidade veio se juntar ao pacote de serviços Workspace, lançado em outubro de 2020, que oferece um espaço virtual integrado e colaborativo para a produção de conteúdo, incluindo bate-papo, armazenamento de vídeos e fotos e criação de documentos.

A Meta (ex-Facebook) também surfa nessa onda. A empresa de Mark Zuckerberg mantinha, desde 2016, o Workplace, uma plataforma que permite a comunicação integrada entre colaboradores de uma mesma empresa sem a necessidade de sistemas complexos ou treinamentos – a ferramenta é similar ao próprio site do Facebook, por isso, de fácil manipulação e pouco estranhamento. Com a pandemia, o Workplace viu seus utilizadores passarem de três milhões, em fevereiro de 2020, para sete milhões em maio de 2021. O crescimento levou a empresa a anunciar novidades para a ferramenta, contemplando desde melhorias nas chamadas de vídeo on-line até personalizações de usos do pronome como forma de promover a inclusão dos funcionários.

A protagonista desses processos, claro, é sempre a internet. Com a necessidade de conexão elevada à potência máxima também dentro de casa, alguns pontos precisam ficar claros: A empresa que opta pelo modelo híbrido deve garantir a seus colaboradores a infraestrutura necessária (computadores e internet) e assumir as responsabilidades e custos relacionados a isso (contas de provedor, por exemplo). Além disso, é importante que a organização tenha total controle sobre um ponto relevante nesse processo: a cibersegurança.

Para o trabalho desenvolvido pelos funcionários em casa, a empresa deve assegurar um esquema de proteção de dados que envolva desde a instalação de *softwares* antivírus corporativos até a criação de redes privadas e wi-fi seguros. Essas medidas visam a evitar não somente ataques hackers e vazamento de informações sensíveis como assegurar que imprevistos não interfiram no andamento das atividades.

Outro ponto importante é o cumprimento da Lei Geral de Proteção aos Dados (LGPD), que está em vigor no Brasil desde setembro de 2020, e estabelece diretrizes para a coleta, processamento e armazenamento de dados pessoais. Na prática, significa que as empresas deverão garantir a proteção da privacidade dos brasileiros em seus dados sensíveis sob pena de multas e outras punições cabíveis. No modelo híbrido, as organizações deverão estabelecer critérios claros para o trabalho realizado em casa de modo que tenha o controle sobre as licenças de coleta e uso de dados de terceiros.

A forma mais segura de proteger os dados da empresa (o que inclui eventualmente dados de seus clientes, parceiros, colaboradores e fornecedores), no entanto, reside na tecnologia. Com o crescimento dos modelos home office e híbrido, grandes desenvolvedoras de softwares se apressaram em aperfeiçoar dispositivos para acesso ao ambiente de uma empresa a partir de qualquer ponto, bem como o gerenciamento desse acesso – o que inclui diferentes níveis de permissão (de download, de impressão, de compartilhamento etc.) ao usuário, armazenamento de dados em um "local" predeterminado e outras formas de controle.

Todas essas questões extrapolaram os escritórios e chegaram à casa de milhares de pessoas. Termos e soluções em digitalização, inteligência artificial, automação e *endpoints* se tornaram preocupações que devem estar constantemente no radar das organizações, tudo com o propósito de manter girando a roda dos negócios, da produtividade e do equilíbrio necessário entre o on-line e o off-line.

Entretanto, há um ponto que precisa ficar muito claro: não basta contratar os melhores softwares e sistemas e implantar processos de ponta acreditando que apenas isso garantirá que tudo flua em um passe de mágica. As pessoas precisam estar aptas para utilizar a tecnologia e entender a que propósito ela está servindo, qual seu motivo. Sem isso, será difícil para qualquer organização garantir uma digitalização humanizada que favoreça a colaboração entre as pessoas.

Por mais que em um primeiro momento o home office tenha seduzido profissionais e empresários de vários setores (mas não de todos), e que esse modelo caminhe para um certo aprimoramento tecnológico e gerencial, o ambiente presencial de trabalho ainda guarda muitas características favoráveis importantes que não são reproduzíveis no outro modelo.

CAPÍTULO 7

PARA QUE SERVIRÃO OS ESCRITÓRIOS?

OS ESCRITÓRIOS VÊM PASSANDO POR DIVERSAS MODIFICAÇÕES nas últimas décadas. As salas fechadas foram perdendo paredes, baias coletivas substituíram as estações isoladas de trabalho, profissionais de diferentes níveis hierárquicos passaram a compartilhar os mesmos espaços físicos sem distinção visível entre os cargos, mesas, cadeiras e equipamentos deixaram de ter um único "dono" – usa quem chegar primeiro ou quem precisar com mais urgência –, cubículos envidraçados à semelhança de antigas cabines telefônicas surgiram no centro dos espaços coletivos para os momentos que exigem maior privacidade.

O objetivo das mudanças no layout dos ambientes corporativos foi aproximar os funcionários e estimulá-los a interagir, trocar experiências e colaborar mais uns com os outros. Empresas que apostaram na tendência acreditavam que espaços dessa natureza favoreciam o sentimento de pertencimento a um time, ampliando a capacidade de inovação e compartilhamento de boas práticas de toda a equipe.

A entrada em cena definitiva do modelo híbrido trouxe uma nova perspectiva para os escritórios – e não apenas em termos de design e usabilidade. Com equipes revezando entre presencial e remoto, gestores entenderam a necessidade de ressignificar o ambiente de trabalho corporativo, atribuindo um novo papel aos escritórios e outros espaços da sede. O modo como uma empresa organiza seu espaço – posso falar de cátedra – pode ser decisivo para determinar o sucesso ou fracasso nos negócios.

Antes de tudo, quero deixar claro que home office e escritório não são inimigos nem mutuamente excludentes. Esse antagonismo não existe. Para um *hybrid office* funcionar, as pessoas precisam se sentir bem em ambos os ambientes, sabendo aproveitar as vantagens de cada um no momento adequado, e o modelo precisa ser implantado considerando coexistir um fluxo entre os dois lugares. A conquista desse equilíbrio, como já falamos, depende, em grande parte, do empenho das lideranças de aplicar o conceito de flexibilidade na prática. Não basta, por exemplo, ser flexível em relação aos horários, mas exigir da equipe que estejam todos sentados na frente de determinada estação de trabalho ao mesmo tempo. O híbrido não envolve apenas liderar equipes em casa e no escritório, mas fazer a gestão de pessoas em um novo contexto social muito mais diverso.

É preciso entender, portanto, que uma empresa é um CNPJ que funciona à base de diferentes CPFs. São as pessoas conduzindo os processos e se relacionando entre si em busca das melhores ideias, projetos e soluções inovadoras para o mercado. E para que isso seja possível – ou ao menos mais produtivo –, o contato humano é essencial. Ainda que as telas consigam unir pessoas do mundo todo e mantenham a produtividade em um bom nível quando bem usadas, nada substitui experiência da troca que existe na presença física.

Em meados de 2021, participei de uma reunião com quase duzentos presidentes de empresas de todo o país. O tema era justamente a volta aos escritórios pós-pandemia. Quase todos falaram que voltariam o mais rápido possível, mas em uma proposta de modelo híbrido. Nós, da Regus, como a maior empresa especializada em espaços que suprem essa necessidade, estamos empenhados até o último fio de cabelo para atender cada vez mais (e melhor) essa demanda.

A falada serendipidade – conceito usado para definir a capacidade de enxergar descobertas fortuitas e não planejadas – não pode (ainda) ser reproduzida pelas máquinas. E essa mágica que acontece nos processos de cocriação e no *brainstorming* – aquele momento "eureca" em que a luz se acendem – são ainda mais estimuladas com a espontaneidade da presença física. Estar em um ambiente inspirado é fonte de transformação cultural para as organizações, pois os melhores insights e decisões, em geral, brotam do convívio face a face, muitas vezes a partir de conversas bobas sobre assuntos nada a ver com trabalho.

É aqui que entra a função dos escritórios como um importante ponto para o fortalecimento da cultura das empresas. E como deverão ser esses novos espaços, afinal? Essa é uma pergunta com várias respostas, porque os escritórios estarão em todos os lugares. Estamos caminhando para um tempo em que haverá dezenas de configurações possíveis para os espaços de trabalho, cada um adequado a uma natureza de negócio ou perfil de profissional. E isso vale tanto para as grandes empresas quanto para os empreendedores individuais, *freelancers* e todos os que se situam no meio desses dois extremos, claro.

Vamos pensar em alguém que trabalha a maior parte do tempo em home office. Para essa pessoa, estar em casa pode ser excelente para as tarefas que exigem um maior esforço de concentração e silêncio. Por outro lado, para atividades que demandam colaboração da equipe e mais interação em busca de soluções fora da caixa, ir até o escritório é muito mais produtivo. Isso sem falar nos dias em que as crianças estão em casa sem aulas ou o vizinho de cima está em reforma. O papel dos escritórios, portanto, é servir às pessoas em suas idiossincrasias e necessidades. Quando essa conta fecha, todos saem ganhando.

O objetivo das mudanças no layout dos ambientes corporativos foi aproximar os funcionários e estimulá-los a interagir, trocar experiências e colaborar mais uns com os outros.

Mas com esse novo propósito que os escritórios adquirem, ainda precisamos de tanto espaço? Com as equipes se revezando entre o remoto e o presencial, o que será das nossas sedes, com suas salas de reunião e auditórios imensos? A previsão predominante é de que esses grandes espaços deem lugar a ambientes menores e rotativos, que funcionem não somente como locais de trabalho, mas também de encontro, pesquisa, entretenimento e criação coletiva.

Nessa configuração, mais do que um espaço de trabalho, os escritórios transformam-se em pontos de conexão entre as pessoas. Isso tudo não é algo exatamente novo, já havia um movimento crescente que resultaram em soluções como os coworkings, mas tudo foi acelerado com a pandemia, como vimos até aqui. Um cenário econômico instável não é bom para grandes riscos e, nesses momentos, ter gordura para queimar é uma questão de sobrevivência.

As empresas precisam ter capacidade estrutural para encolher e expandir de acordo com os movimentos do seu mercado ou da economia como um todo, e isso não é possível quando os custos operacionais são muito altos e engessados. Por isso, tem crescido a demanda por espaços flexíveis que se adequem aos diferentes cenários e necessidades. Essa é a lógica que rege nosso negócio: entregar aos nossos clientes ambientes modernos, bem equipados e que se adaptem ao tamanho de cada momento de sua jornada.

A EXPANSÃO DOS ESCRITÓRIOS FLEXÍVEIS

Após o teste de home office improvisado em um momento de crise, se provou ser viável mexer nas estruturas tradicionais de trabalho sem que as empresas tivessem necessariamente que emular uma sala do Google ou colocar um escorregador no meio do escritório – não que essas não sejam grandes ideias. Profissionais de várias áreas transferiram suas atividades para o computador doméstico e passaram meses nessa situação mantendo o mesmo padrão de entrega. Entretanto, com o passar do tempo, ficou evidente que insistir nesse improviso teria consequências negativas e, no longo prazo, poderia interferir no desempenho, na produtividade e até na saúde mental dos colaboradores.

Isso levou milhares de líderes em todo o mundo a abrir a cabeça e apostar em escritórios flexíveis como forma de manter os benefícios de ambos os ambientes com o estilo híbrido. De cara, posso citar a vantagem de ter uma estrutura montada a toque de caixa, que inclui dos menores aos maiores requisitos, a começar por um mobiliário em conformidade com as regras da ergonomia brasileira – passo essencial para evitar problemas ocasionados por má postura ou lesões por esforço repetitivo –, luminotécnica adequada, sistema de telefonia de ponta, baias coletivas, salas fechadas para reuniões privativas, refeitórios, espaços para reuniões e videoconferências...

Tudo é entregue pronto para o uso em qualquer momento, porque a agilidade é um dos pilares desse segmento. Já chegamos a abrir unidades inteiras somente para atender um cliente que precisava funcionar em determinada localização da noite para o dia.

Estamos sempre atentos às necessidades dos colaboradores e prontos para nos adaptarmos às exigências necessárias. Durante a pandemia, por exemplo, conseguimos adequar rapidamente os nossos espaços da Regus e da Spaces de modo a atender as exigências dos protocolos de segurança. Seguimos todas as orientações das autoridades locais, mudamos a capacidade de ocupação dos escritórios e coworkings, adaptamos tudo o que exigisse contato – como por exemplo as máquinas de café – para funcionar da maneira mais remota possível. Passamos a realizar pesquisas semanais com nossos clientes para entender se o nível de segurança estava apropriado. Todo esse cuidado fez de nós um *case* de *benchmarking* para outras empresas e grupos empresariais interessados em replicar nossos protocolos e sistemas de trabalho.

Não tenho dúvidas de que essa capacidade de oferecer soluções em um momento de grande demanda alavancou nossos negócios. Mesmo durante a crise, quando tantos precisaram fechar as portas pela última vez, nós seguimos comprando e inaugurando imóveis, e estamos bastante otimistas com tudo o que o modelo híbrido já trouxe e ainda vai trazer, inclusive em termos de novos produtos.

Queremos sair de casa alguns dias da semana para alternar com o home office, mas queremos também interagir com outras pessoas em escritórios perto de nossas casas.

Um caso interessante foi quando um de nossos clientes nos procurou buscando um escritório para sessenta pessoas. Porém, ele não queria um lugar específico, e sim na nuvem. Sua ideia era deixar que os colaboradores escolhessem onde desejariam trabalhar a cada dia a partir das opções que disponibilizaríamos. Vimos isso como um produto em potencial, uma espécie de vale-escritório com passe livre. O local de trabalho deixa de ser onde a empresa está e passa a ser onde o colaborador está. Isso é o extremo da flexibilidade.

Outra vantagem que oferecemos é a tecnologia. No home office, observou-se que muitos profissionais não tinham capacidade de conectividade adequada às suas funções – quem nunca viu gente ser derrubada no meio de lives, as imagens congelando, a apresentações que não rodavam? As empresas investem milhões em softwares, firewalls e protocolos para segurança da informação, e tudo isso precisa funcionar seja em casa, seja no ambiente de trabalho. Nos escritórios flexíveis, esses requisitos são disponibilizados conforme as necessidades do cliente e conforme a LGPD.

Todas essas facilidades convergem para aquilo que falei anteriormente: o mundo exige mais flexibilidade em todas as suas esferas. Queremos sair de casa alguns dias da semana para alternar com o home office, mas queremos também interagir com outras pessoas em escritórios perto de nossas casas. Ninguém mais quer encarar um trânsito pesado ou atravessar a cidade para trabalhar.

É o chamado "*close to office*", que virou uma tendência global e está diretamente associado à qualidade de vida.

Aqui no Brasil, um exemplo claro é o crescimento da Regus nas grandes cidades, mas em regiões afastadas do centro. Até pouco antes da pandemia, regiões mais residenciais e menos corporativas não eram nosso *target*, mas depois vimos que essa era uma demanda e abrimos várias unidades nessas localidades. No Rio de Janeiro, por exemplo, adquirimos um imóvel em Ipanema de um concorrente que quebrou e instalamos uma unidade do Spaces. Foi nossa melhor abertura nos últimos anos. Isso porque as pessoas que moram lá não querem mais atravessar a cidade para trabalhar em Botafogo ou no Centro. Também reforçamos nosso mercado de franquias – e estamos indo muito bem. Estamos em catorze cidades do país e já temos centenas de imóveis no nosso *pipeline* de franquias.

FLEXIBILIDADE, *NETWORKING* E EMPREENDEDORISMO

Uma coisa que preciso esclarecer é que, muitos associam a ideia de coworkings a profissionais liberais da publicidade, tecnologia, artes visuais, design. Esqueça isso! Os espaços compartilhados são ocupados por negócios de todos os segmentos e portes. De bancos e consultorias a escritórios de recursos humanos, comunicação, *call center*, educação, finanças, engenharia, petrolífera etc.

E como funciona um coworking, afinal? Trata-se de uma nova forma de pensar o espaço físico de trabalho, um local dividido por pessoas e empresas que alugam espaço por um certo tempo e podem usufruir de todas as suas facilidades. Há áreas comuns que podem ser compartilhadas – como refeitórios, auditórios e recepção – e também áreas privativas para uso individualizado – como salas de reunião ou de videochamada. Não é todo mundo junto e misturado; as pessoas confundem um pouco. Oitenta por cento das nossas áreas de coworking, por exemplo, são formadas por espaços privativos. O mais interessante desses ambientes é a troca de experiências que permeia as pessoas, ampliando relações e abrindo interessantes janelas de oportunidade.

Para definir o formato ideal para o seu negócio, a empresa ou empreendedor aluga uma estação de trabalho de acordo com as próprias necessidades e tem acesso imediato aos serviços e facilidades oferecidos no local. Para quem trabalha boa parte do tempo de casa e, eventualmente, precisa receber clientes e ter um endereço comercial independente, essa é a opção mais eficiente, pois há planos de todos os valores, que podem ser negociados por hora, mês ou ano.

Empresas que optam por esses espaços dentro de um modelo híbrido têm colhido excelentes resultados. Os colaboradores se mostram mais satisfeitos com seus empregos, o que resulta em melhores performances e, claro, maior lucratividade. Apostar nessa mudança, entretanto, requer organização, pesquisa e muito, muito empenho da liderança, que precisa repensar sua forma de gestão estratégica.

O maior desafio é conciliar políticas que atendam às necessidades dos colaboradores e dos negócios. Com isso alinhado, as empresas colhem frutos como maior produtividade e retenção de talentos ao mesmo tempo que proporcionam aos funcionários melhor equilíbrio entre a vida profissional e a pessoal. Isso tem tudo a ver com o que eu falei anteriormente sobre *Employee Experience*, esse cuidado de um olhar *people first*, tão importante sobretudo para abrir caminhos para novas possibilidades e inovações tanto no trabalho quanto para a individualidade de cada um.

O *boom* de crescimento no mercado do empreendedorismo dialoga diretamente com o espírito do coworking. As pessoas precisam tocar projetos, ampliar negócios. Principalmente as gerações mais novas, que querem ser donas do próprio nariz desde cedo. Existem várias portas pelas quais se pode entrar no mundo do empreendedorismo: a da necessidade, a da oportunidade, a da criatividade. No Brasil ainda predomina a da necessidade. Alguém que perdeu o emprego e resolve criar o próprio negócio, ou que precisa complementar a renda, ou que reconheceu uma boa ideia de outra pessoa e resolveu também apostar nela.

Entretanto, tendem a dar melhores resultados empreendedorismos baseados na criatividade e na oportunidade. E, mesmo para esses, vale o conselho: esqueça a imagem de que quem empreende fica rico depressa e trabalha menos. Saiba que você terá os piores chefes do mundo: você mesmo (a autocobrança pode ser algo brutal) e seus clientes (que pressionam por prazo, qualidade e preço – e nem sempre pagam). O ponto maravilhoso do empreendedorismo, porém, é a flexibilidade de tempo e de espaço. Se o Brasil é um lugar hostil ao empreendedor, ao mesmo tempo é um oceano de oportunidades. Somos o maior mercado do mundo em *agrotechs* e o segundo maior em *fintechs*.

Antes de efetivamente alcançar o grande sucesso, no entanto, o melhor a se fazer é diminuir riscos. E diminuir riscos significa diminuir custos. Como? Fazendo parcerias e modelos flexíveis de trabalho e remuneração – caso você precise contratar gente –, e considerando, claro, a atuação em coworking.

Por suas características naturais de adaptabilidade, agilidade, resiliência e flexibilidade, o empreendedor é quem sai mais forte das crises. É ele quem aprende na dor a se adaptar a novas formas de fazer e manter negócios. Além disso, a economia funciona como aquele jogo de baralho rouba-monte: o dinheiro não desaparece, só muda de mão, de um lado para o outro. Se alguém está perdendo, outro está ganhando. O segredo é ficar do lado certo.

Hoje os empreendedores representam 25% dos clientes da Regus (50% são grandes empresas que aderiram ao conceito de espaço flexível). Além da proximidade de casa, da infraestrutura disponível e do custo baixo, beneficiam-se do poderoso *networking*. Entretanto, se isso ainda não for essencial para seu negócio, há a opção do escritório virtual, modalidade em que o empreendedor pode ter um endereço de prestígio, o atendimento telefônico e o endereço postal sem a necessidade de estar lá, e que cresceu 30% em 2020. Ele contrata um serviço desse por menos de 400 reais por mês. Quanto custa uma sala comercial que oferece o mesmo serviço? Quanto custa uma telefonista ou uma recepcionista? Vamos fazer todas essas contas?

CAPÍTULO 8

NA PONTA DO LÁPIS

Aponte a câmera do seu celular para o QR Code ao lado e acesse este conteúdo exclusivo!

VAMOS RELEMBRAR. EU FALEI LÁ ATRÁS QUE OS PILARES DA NOVA economia eram ter agilidade, com menos custo e menos riscos. Em volta disso, algo que trouxesse mais sentido de comunidade, sustentabilidade, mais tecnologia, e tendo no centro de tudo isso a experiência de usuário.

Comunidade porque a nova economia cria a tribalização: você tem os *airbnbers*, os *nubankers*, os *coworkers*... Senso de comunidade não somente categoriza como também fideliza seus clientes. Em um espaço de trabalho acontece o mesmo, as pessoas naturalmente se aproximam daquelas com quem têm mais afinidade.

Sustentabilidade porque, dentro da nova economia, tudo é pensado em termos de impacto ao meio ambiente e ao ser humano. Começamos a discutir legado como nunca antes, e a tendência é o tema ganhar cada vez mais relevância.

Tecnologia porque ela é a base que possibilita entregar tudo isso de maneira rápida e abrangente. Sem ela, você pode até entregar os outros pilares, mas pecará na experiência do usuário, na agilidade. Pode-se considerar que um quarto compartilhado no interior de São Paulo, alugado por temporada, mas sem uma plataforma como o Airbnb por trás, não está anunciado em lugar nenhum. Perde-se experiência de usuário, perde-se agilidade, perdem-se negócios.

Agora pergunto: considerando todos esses pilares, a conta fecha?

Essa pergunta precisa ser destrinchada. A conta fecha para quem? Por quanto tempo? E para qual fim? Não é simplesmente dizer "é mais barato" ou "é mais caro", mas definir quem está tomando o serviço, por quanto tempo, com qual a finalidade. Por exemplo, para calcular, dentro da nova economia, se é melhor andar de carro por aplicativo ou ter um carro próprio, temos de levar em conta diversos pontos, como quilometragem mensal, demanda diária, custo de capital investido, modelo de comparação entre outros quesitos.

O ponto aqui não é fazer propaganda de aplicativos de transporte. Pode ser que, dependendo de circunstâncias específicas, seja mais benéfico para você investir em um carro próprio ou mesmo alugar um por mês, dependendo do custo de oportunidade (rendimento) do seu dinheiro e disponibilidade para o investimento. Meu objetivo é ensiná-lo a importância de colocar tudo isso na ponta do lápis antes de tomar uma decisão importante como comprar um carro novo.

MINHA EMPRESA NA PONTA DO LÁPIS

Mais importante do que a decisão de comprar um carro é a decisão de onde instalar sua empresa, ou mesmo parte dela, seja uma pequena startup ou uma grande multinacional, porque os cálculos e fatores a serem levados em conta são mais complexos do que no caso de um veículo.

Comece pelo valor que você recuperaria em uma eventual revenda do espaço. Diferentemente de um carro, que tem um forte mercado de revenda, em um escritório próprio a maior parte do investimento é perdida. O que faz para lucrar com uma parede que você pinta? Você não revende parede. O que faz com um carpete que você cola no chão? Você não revende carpete. E os equipamentos e instalações feitos sob medida para o seu negócio? Dificilmente terão valor para quem vier depois de você. A conta, nesse caso, fica muito mais pesada porque em um imóvel comercial ou corporativo, os investimentos são altos e os retornos sobre eles são menores. O custo de oportunidade também fica maior, porque os valores que poderiam ser aplicados no mercado financeiro são maiores. O gap só aumenta.

Agora vamos trazer todo esse raciocínio para o cenário do local de trabalho, para as empresas que optaram por alugar escritórios para seus colaboradores. O primeiro custo a se colocar na planilha é o valor do aluguel por metro quadrado. O segundo é o condomínio por metro quadrado. O terceiro, IPTU por metro quadrado. Não tem como errar. Tanto na nova economia como no mercado tradicional, todo mundo está acostumado a considerar esses três parâmetros.

Entretanto você está fazendo a conta errada. Não pode comparar o aluguel por metro quadrado entre um imóvel "pelado" e outro com tudo incluso. Como na comparação entre o carro próprio e o Uber, uma coisa é comprar, outra bem diferente é pagar para usar. E no caso de um escritório compartilhado, a quantidade de itens que as pessoas esquecem é muito maior: seguro contra incêndio, contra roubo, seguro civil, manutenção, limpeza, recepção, segurança, energia elétrica, água, mobiliário, contas de registro (de imóvel, de locação). E não é só isso. Uma coisa é manter, outra bem diferente é operar. Nos prédios onde a Regus atua, há um operador que zela para que tudo funcione bem o tempo todo: ele liga e desliga o ar-condicionado, faz reparos e manutenções, fica disponível o tempo inteiro. O prédio não existe sem ele.

Por outro lado, é comum o empreendedor alugar – e caro – um espaço precário, no cimento, sem tubulação, sem acabamento, divisórias, nada. Os que têm alguma sofisticação, já saindo da funcionalidade e entrando na exclusividade (mobiliados, decorados e equipados com objetos de grife e itens de luxo) custam 12 mil reais o metro quadrado, ou até mais – não é para todo mundo.

E não é só o tamanho do bolso que determina o tipo de imóvel. Existem leis imobiliárias. Uma delas determina que não pode ter nenhum escritório a mais de 60 metros da saída de fuga mais próxima. O empresário aluga um prédio, ou um pedaço dele, e planeja: "Aluguei um prédio quadrado, do jeito que eu queria: o elevador fica aqui, então vou montar a linha de produção ali, vou encher de gente sentada acolá...". Lindo e maravilhoso, mas apenas na teoria. Na prática, o bombeiro veta: "Daqui até a saída de fuga tem 65 metros. O seu projeto está cancelado". E de repente o tal empresário fica com um elefante branco na mão, tendo de buscar outras soluções e gastando mais do que o previsto. Isso se ele também não tiver se esquecido de outras questões práticas necessárias como a formação de uma Comissão Interna de Prevenção de Acidentes (CIPA), Serviços Especializados em Engenharia de Segurança e em Medicina do Trabalho (SESMT), ou a simples necessidade de uma porta corta-fogo em determinado local.

A porta corta-fogo é o fator que mais limita a quantidade de pessoas em um andar; elas precisam estar estrategicamente colocadas de modo a permitir uma determinada "vazão" de pessoas em caso de evacuação, pois todas as pessoas, do último ao primeiro andar, precisam estar no térreo em poucos minutos, descendo pela escada. O bombeiro calcula: se no trigésimo andar passam sessenta pessoas por minuto pela porta corta--fogo, e todas as pessoas daquela empresa precisam chegar ao térreo em oito minutos, então o máximo de pessoas que podem trabalhar nesse andar é X. Mais uma vez, aquele projeto lindo, cheio de mezaninos para aproveitar melhor o espaço e dar um charme ao ambiente, se afunda ainda mais. E junto com ele, o planejamento e o dinheiro do empreendedor desavisado.

Por isso, optar por uma solução pronta e de acordo com todas as normas, que conte com todas as funcionalidades e serviços necessários, apresenta suas vantagens. E de novo: não algo planejado apenas para grandes empresas. Na Regus, por exemplo, para cada perfil, para cada necessidade, para cada negócio e para cada bolso, temos as soluções mais adequadas para extrair a maior produtividade com o menor risco, privilegiando a relação entre os profissionais e o trabalho, entre os colaboradores e as empresas – desde uma gigante como a IBM até a startup que só agora está saindo do papel. Quer luxo, glamour, endereço top e exclusividade? Temos. Quer praticidade, funcionalidade e preço? Temos. Quer o meio-termo e com algo a mais? Temos também.

Nosso posicionamento multimarcas possibilita essa versatilidade. E com o intenso movimento de aquisições da IWG, estamos entrando em todos os espaços do mercado. Por exemplo, devemos trazer cada vez mais o chamado *open office*, os escritórios autônomos que funcionam a partir de um conjunto de plataformas. Baratos de implementar, não demandam mão de obra ou limpeza, é tudo tecnologia: o cliente tem acesso à sala remotamente.

Seja no mundo físico ou virtual, algumas questões se tornaram ainda mais relevantes no que estou chamando de o futuro do trabalho. No mercado tradicional, é praxe a duração dos contratos de locação ser de três ou cinco anos. Quem define esse prazo é o locador. Se o locatário tiver uma necessidade diferente, de seis meses ou um ano, entrarão em um impasse, porque o proprietário não vai querer abrir mão da multa por rescisão antecipada. Entretanto, para quem já se inseriu na nova economia, quem define esse prazo é o usuário, e se ele quiser começar hoje, pode. Agilidade, lembra?

Enquanto os escritórios tradicionais estão pelados, muitas vezes no contrapiso, sem luminárias, sem forro e sem cortinas (o que o mercado chama de *cold shell*), os espaços de trabalho na nova economia estão prontos, mobiliados e equipados – é entrar, plugar e trabalhar. Nós mesmos, para montar os escritórios da Regus e oferecer a solução pronta aos usuários, tivemos de conviver com essa realidade dos espaços tradicionais.

Se alguém tiver dúvida sobre o que estou falando, o melhor *benchmarking* sou eu mesmo. Temos mais de trinta unidades em São Paulo, todas locadas pelo modelo tradicional, no qual eu pago aluguel, em contratos de longo prazo. Unidades que eu peguei em *cold shell* e onde tive de fazer um investimento para transformar em outros espaços bem diferentes, melhores. Eu sei quanto aquelas unidades custaram e custam, quanto me deram de trabalho nessa transformação.

Vamos voltar para as contas. Você precisa de um escritório para quantas pessoas? Cem. Por quanto tempo?

Digamos que seja inicialmente para dez anos. Em que cidade? São Paulo. Para equipar um ambiente corporativo de médio padrão em São Paulo, gasta-se, em média, 3,5 mil reais por metro quadrado em mobília, instalações e acabamento.

Pela lei, são necessários sete metros quadrados por cabeça. Ou seja, você precisará de 700 metros quadrados. Vamos considerar o valor de mercado de 100 reais por metro quadrado para locação. De aluguel, são 70 mil reais por mês. De investimento inicial, 3,5 mil reais vezes 700 metros quadrados, 2,45 milhões de reais. Condomínio? Vamos considerar um terço do aluguel: 23 mil reais. De IPTU, vamos ser camaradas e imaginar 3,5 mil reais por mês. Seguro: mais mil reais por mês. Conectividade para cem pessoas? Pode considerar 20 mil reais mensais. Manutenção: 2 mil reais. Limpeza: para uma área de 700 metros quadrados, a lei determina que sejam ao menos duas pessoas: pode considerar 6 mil reais. Recepção: pelo menos duas pessoas, a 5 mil reais cada uma (10 mil reais no total). Segurança vou deixar de fora, vamos imaginar que o condomínio tenha. Com água e luz não tem a mesma escapatória: 3 mil reais de energia e 500 reais de água. Muitos desses custos (e outros que nem estou considerando aqui) dependem da classe do ativo, ou seja, do padrão do prédio, da rua, do bairro.

E tem a parte burocrática, que inclui registrar o contrato para resguardar o direito de permanência no imóvel. Se o proprietário vender o lugar e se o contrato não estiver registrado, você precisa sair em trinta dias, é a lei brasileira. O custo de um registro de contrato desse imóvel deve variar entre 3 mil e 6 mil reais. E é preciso pagar a taxa de bombeiro e mais um monte de penduricalhos. Para chegar ao custo total de ocupação, é necessário somar tudo isso.

Aí eu pergunto: quanto tempo você quer ficar nesses 700 metros? Vamos supor dez anos. Diluímos o investimento inicial por cento e vinte meses (vamos ficar naqueles 2,45 milhões de reais iniciais para simplificar): pouco mais de 20 mil reais por mês. Isso considerando que não investirá mais um centavo no espaço em reformas ou manutenção ao longo dos dez anos. Os outros custos somados são 159 mil reais por mês – 1.590 reais por pessoa. Esse é o custo mensal de ocupação daquele imóvel de 700 metros quadrados que você está alugando por 70 mil reais.

O preço médio de um coworking em um lugar excelente como a avenida Faria Lima, por exemplo, varia de 1.200 reais a 1.400 reais por pessoa. Mais importante do que essa diferença, no entanto, é a flexibilidade. Com ele não é preciso se comprometer por um prazo longo como dez anos. E se o cliente falir? E se ele pivotar o negócio? E se negociar uma fusão ou aquisição? E se não quiser começar com os cem funcionários logo de cara? Se ele começar com cinquenta, o custo cai pela metade. No modelo tradicional essa redução seria muito menor; talvez na conta de luz e água, um recepcionista a menos, mas condomínio, aluguel e IPTU, para ficar só nesses três, não mudam.

A beleza da nova economia é que você compara um custo estático com um dinâmico. Nestes tempos de trabalho ancorado na tecnologia (que por sua vez está cada vez mais funcional e portátil, o que nos leva ao nomadismo digital), e na flexibilidade de lugares e de horários, isso faz ainda mais sentido. Imagine uma empresa que precise fazer uma força-tarefa para lançar um produto, por exemplo. Na fase de estudos e planejamento, muita coisa pode ser resolvida remotamente. Entretanto, conforme o Dia D se aproxima, é guerra: a maior parte dos soldados têm de vir para o front. Ou seja, a mesma empresa tem épocas de vale e épocas de pico, e pagará conforme a utilização dos espaços.

Também existem aqueles que precisam do espaço para um projeto específico, com começo, meio e fim. Se precisar espichar ou encolher o prazo imaginado inicialmente, sem crise. Isso não é possível no modelo tradicional – se fechou um contrato por dois anos, automaticamente a renovação será para mais dois anos. E, com raras exceções que dependem da boa vontade do proprietário, o aluguel é fixo, tenha gente efetivamente trabalhando lá ou não.

Outro ponto a se considerar: escala. Pense em um call center, que geralmente opera em três turnos. No coworking, se a empresa também trabalhar em revezamento de turnos, uma sala para cinquenta vira uma sala para cem pelo mesmo preço. E no Brasil ainda temos os impostos PIS e Cofins, que no nosso caso, como trabalhamos no modelo de sublocação (e não como serviço), podem ser devolvidos como crédito aos usuários. Empresas grandes são as que mais se beneficiam desse mecanismo.

As incógnitas e variáveis que acompanham uma empresa são muitas – e podem mudar ao longo do tempo. No caso de nossos usuários, isso tem reflexo direto na ocupação dos espaços. Por isso, criamos um portfólio variado e projetamos nossas paredes internas de maneira que possam mudar de lugar rapidamente – como um lego. São fáceis de tirar e colocar, e não interferem em nada na estrutura de eletricidade, água, conectividade, ar-condicionado... Quem escolhe o tamanho e o adensamento do espaço é o cliente. Mesmo que você tenha certeza de que vai crescer muito, comece pequeno no espaço e na duração do contrato – renovando mês a mês, por exemplo. Cresceu? Ótimo, agregue outra sala ao seu espaço, depois outra, depois outra.

No mercado tradicional, muitas empresas tinham firmado contratos longos um pouco antes de o mundo do trabalho dar essa guinada de 180 graus por causa da covid-19. Foi um cabo de guerra entre inquilinos e proprietários em relação a contrato, multa, desconto, carência, prazo. Nós, por outro lado, aumentamos em 30% o número de contratos mês a mês.

Enquanto os escritórios tradicionais estão pelados, muitas vezes no contrapiso, sem luminárias, sem forro e sem cortinas (o que o mercado chama de *cold shell*), os espaços de trabalho na nova economia estão prontos, mobiliados e equipados – é entrar, plugar e trabalhar.

VALE ATÉ OSTENTAR – MAS COM SABEDORIA

Quem quiser ou precisar agregar um toque de ostentação ao ambiente profissional, na nova economia também pode fazer isso com mais inteligência financeira. O *trader*, o *influencer* e o escritório de advocacia são bons exemplos de nichos que não podem se dar ao luxo de economizar no local onde pretendem receber clientes importantes. Esses profissionais não podem receber em uma casinha de bairro, não podem optar por um coworking básico. É uma questão de estratégia, de marketing. É a diferença entre pagar 6 mil reais por pessoa por mês para uma infraestrutura diferenciada e uma localização icônica ou pagar 400 reais por um escritório virtual (que resolve a necessidade de quem precisa apenas de um endereço fiscal, um atendimento telefônico e um lounge para uso eventual).

Qualquer que seja o caso, é importante saber muito claramente quem vai usar, para qual finalidade e por quanto tempo. Nas duas pontas, na mais cara e na mais barata, existe o risco de erro de avaliação. O importante é adequar a solução à necessidade do usuário, nem mais, nem menos.

E até aqui eu tenho uma boa notícia. A qualquer tempo, é possível fazer *downgrade* ou upgrade. Nossos contratos são de doze meses, em média. Há também os de dez anos e os de uma semana. Tanto um como outro tem a possibilidade de *downgrade* e upgrade sem que isso configure quebra de contrato. No caso do *downgrade*, o limite normal é de 30% do produto contratado a cada seis meses.

A agilidade e o foco na experiência do usuário nos ajudam a enfrentar, lado a lado com nossos clientes, qualquer crise ou adversidade. Muitas empresas, principalmente as mais bem estruturadas e que não se deixaram levar por decisões precipitadas e demagógicas (como botar todo mundo do administrativo trabalhando em casa e deixar todo o pessoal da fábrica presencial) adotaram o modelo híbrido, mesclando home office e escritório. Algumas dessas empresas têm dinheiro suficiente para construir quantos prédios quiserem, mas optaram por usar nossa estrutura, nossa conectividade e segurança para dar a suas equipes uma condição mais favorável de trabalho, inclusive em termos de saúde.

No caso de empresas menores que estão entrando agora no mercado, o percurso costuma ser o seguinte: o usuário começa com o escritório virtual; cresce um pouco e sente a necessidade de um espaço físico esporádico, que chamamos de lounge; depois muda para o coworking, com sua mesinha e estação de trabalho com conectividade; passa para uma sala e evolui até ter um andar inteiro. Chega um momento em que se sente tentado a ter um endereço só dele.

Mesmo que esteja muito bem de grana, é fundamental colocar todos os custos no papel para ver qual a melhor opção para o seu momento. Um escritório virtual chega a ser 90% mais barato do que um físico; o lounge é mais ou menos 70%; o coworking, 50%; e a sala privativa 30% mais barata, em média. Bateu a coceira de ter um endereço próprio? Lembre-se de que algumas vantagens oferecidas pelo mercado tradicional podem esconder pegadinhas, as tais letras miúdas. Não existe almoço grátis – nem aluguel grátis. Se as grandes multinacionais – que de bobas não têm nada – estão fazendo o movimento inverso, em direção ao modelo híbrido, é sinal de que esse é um bom caminho.

Existem outros parâmetros contábeis um pouco mais complexos que podem entrar nas suas contas, cruzando depreciação, custo do capital, rentabilidade de investimentos etc. O que eu mostrei até aqui já permite clarear as ideias para decidir onde e como será o trabalho agora e no futuro. Eu costumava dizer que a tendência era de que em 2030 os espaços flexíveis representariam um terço dos imóveis. Adiantei essa tendência em cinco anos: em 2025, um terço dos escritórios terão algum tipo de flexibilidade, seja operado por um grande player como a Regus, pelo proprietário, ou até pelo ocupante. Pelo ocupante? Sim: o Google fez isso na avenida Paulista, com seu Google Coworking for Startups; a Amazon tem seu centro de inovação; o InovaBra idem. Todo mundo que tem um espaço vazio finca uma bandeira de coworking, porque é uma forma de pegar uma fatia do conceito flexível.

Outro produto que sinaliza uma tendência é o *fish tank*, ou aquário, um espaço de trabalho individual envidraçado de 2,5 metros quadrados. Ele resolve o problema daquele profissional que não quer ou não consegue trabalhar em casa (por causa dos filhos ou outras questões) e que ao mesmo tempo busca a segurança do isolamento. No aquário, o foco é total. Nós adquirimos uma unidade de nossa concorrente na cidade do Rio de Janeiro e transformamos um monte de áreas ociosas ou mal aproveitadas em *fish tanks*. Essa tem sido a solução ideal para profissionais que conseguem trabalhar remotamente mas, por algum motivo, não querem, não conseguem ou não aguentam mais trabalhar em casa.

NA PRÁTICA

Como você já deve ter percebido com este capítulo, calcular todas as questões que envolvem o escritório de uma empresa é muito complexo. Para ajudar com o planejamento, desenvolvi o guia a seguir que você pode utilizar no momento de tomar essa decisão:

Pergunta a se fazer:	Se sua resposta for:	Modelo recomendado		Observação:
		Escritório Flexível	Escritório Tradicional	
Preciso de um escritório por quanto tempo?	Não sei	X		A incerteza de prazos leva a custos altos de recisão em escritórios tradicionais, além de não ser praxe de mercado contratos com menos de três anos de duração.
	Prazo curto	X		
	Prazo longo com data pra acabar	X		
	Prazo Indeterminado		X	

Pergunta a se fazer:	Se sua resposta for:	Modelo recomendado		Observação:
		Escritório Flexível	Escritório Tradicional	
Onde preciso de um escritório?	Grandes áreas comerciais da cidade	X	X	Espaços tradicionais de escritórios concentram-se em grandes eixos comerciais. Fora desses eixos, geralmente as lajes e prédios são pequenos e não comportam grandes áreas, sendo o flexível a melhor saída. Dica: Se sua empresa busca maior qualidade de vida para os funcionários trabalhando perto de casa, escritórios em zonas residenciais são super atrativos e ajudam a reter talentos.
	Subúrbios	X		
	Zonas Residenciais ou mistas	X		
	Cidades Satélites	X		
Quantos colaboradores precisam de escritório?	< 50 pessoas	X		Até 100 colaboradores por escritório, geralmente os espaços flexíveis são 30% a 50% mais baratos do que os tradicionais. Quando a quantidade de pessoas é grande, ainda assim o modelo flexível pode atender, mas não necessariamente o custo mensal será mais baixo.
	< 100 pessoas	X	X	
	< 250 pessoas	X	X	
	> 250 pessoas	X	X	
Qual a frequência com que as pessoas irão mensalmente aos escritórios?	Todos os dias do mês	X	X	Metro quadrado vazio é caro. Se sua equipe não precisa de escritórios todos os dias, pois já está no modelo híbrido, pagar o mês cheio não faz sentido. Por isso, o flexível na modalidade de *pay-per-use* sairá muito mais em conta.
	< de 15 dias no mês	X		
	< 10 dias no mês	X		
	< 5 dias no mês	X		

NA PONTA DO LÁPIS

173

Pergunta a se fazer:	Se sua resposta for:	Modelo recomendado Escritório Flexível	Modelo recomendado Escritório Tradicional	Observação:
Tenho o capital de investimento inicial na montagem de um escritório?	Não	X		Sem capital de investimento inicial, os escritórios flexíveis são uma grande alternativa para viabilizar escritórios para todo tipo de empresa. Mas, mesmo que sua empresa tenha acesso a capital, vale se perguntar o custo total de oportunidade desse dinheiro e se ele não deveria ser gasto com o *core-business*.
	Sim, mas limitado	X		
	Sim, para toda a obra	X	X	
	Sim, mas a prioridade é investir no *core-business*	X		
Para que eu preciso de um escritório?	Endereço comercial	X		Quando o assunto é estabelecer uma empresa legalmente, os escritórios flexíveis têm uma grande vantagem em oferecer esses custos a preços muito mais acessíveis do que os tradicionais.
	Endereço fiscal	X		
	Para ter a sede de minha empresa, um ponto de encontro para reuniões e treinamentos	X	X	
	Para ter a sede de minha empresa e estações de trabalho para os funcionários	X	X	
Minha equipe trabalha de casa com qual frequência?	Nunca	X	X	Ao planejar seu escritório, você deve pensar que os homeworkers precisam de espaço físico em determinada frequência, e se ela for baixa ou incerta, a melhor saída é o flexível
	1 dia por semana	X	X	
	De 2 a 3 dias por semana	X		
	Todos os dias	X		

Pergunta a se fazer:	Se sua resposta for:	Modelo recomendado		Observação:
		Escritório Flexível	Escritório Tradicional	
Qual nível de infraestrutura de TI preciso?	Somente acesso a internet e telefonia padrão	X		Geralmente, escritórios tradicionais são desenhados para que a empresa precise montar toda a sua infraestrutura de TI, desde servidores, *firewall* etc., a todo cabeamento, que não está pré-instalado como nos escritórios flexíveis. O custo total de TI em um novo escritório tradicional pode chegar a 25% do CAPEX total de investimento.
	Servidores locais e outros produtos avançados	X	X	
	Servidores na nuvem	X		
Qual tipo de design você busca para seu escritório?	*Open spaces*	X	X	Ambos modelos funcionam com essas características, porém, se a demanda por áreas de uso comum ou esporádico não for alta, como o uso de auditório ou salas de reunião, compensaria muito mais usar essas áreas em modelo de *pay-per-use* em um escritório flexível e não ter esse custo fixo.
	Salas fechadas	X	X	
	Misto	X	X	
	Auditório	X	X	
	Sala de reunião	X	X	
	Hotdesks	X	X	

Aponte a câmera do seu celular para o QR Code ao lado e acesse este conteúdo exclusivo!

175

CAPÍTULO 9

O FUTURO MAIS QUE PERFEITO

TENHO FALADO COM MUITAS PESSOAS NAS MINHAS LIVES E LIDO bastante sobre o tema trabalho. A futurologia predominante é: o que vai permanecer no médio e longo prazo? Quais mudanças significativas estão em curso e quais ainda vão ocorrer? Como vamos trabalhar? Como vamos interagir com todos os elos da cadeia na qual estamos inseridos? Como seremos "medidos" e remunerados? Onde trabalharemos?

Acredito que o mundo está vivendo um monumental movimento de reavaliação de todos os aspectos da vida – e o trabalho é parte essencial dessa equação. Precisamos discutir, almejar e buscar um modelo mais saudável e produtivo para todos, e talvez esse futuro ainda não seja perfeito como promete o título do capítulo, mas sabemos que está esperando por nossas decisões mais acertadas.

Por isso, não apenas nós da IWG, mas muitos especialistas mundo afora, analisam os dados e cenários atuais para vislumbrar o que podemos encontrar lá na frente.

Em sua coluna na Forbes americana, a investidora, escritora e palestrante especialista em futuro do trabalho Allison Baum Gates tem analisado o tema por diferentes ângulos.[19] Para ela, a forma do local de trabalho está mudando em tempo real – e quase nada voltará a ser como antes. Uma certeza que exprime é que o trabalho definitivamente não será 100% remoto. Até porque o trabalho remoto é muito menos glamoroso do que muitos sonhadores acreditavam, e o impacto de longo prazo na saúde da equipe, nos resultados dos negócios e nas trajetórias de carreira ainda são consideravelmente desconhecidos para uma avaliação certeira. A necessidade de conexão social, de colaboração mútua e de exercício compartilhado de criatividade é inegável e pesa cada vez mais nessa balança.

Já em novembro de 2020, empresas como Votorantim, Tecnisa e Unipar voltaram atrás na decisão de manter todos os colaboradores em home office. Em abril de 2021, o Google anunciou aos funcionários a antecipação do calendário de retorno aos escritórios. Semanas antes, IBM havia apresentado uma proposta na qual 80% dos colaboradores

---

[19] GATES, A. B. 5 Things The Future Of Work Is Not. **Forbes**, 25 fev. 2021. Disponível em: https://www.forbes.com/sites/allisonbaumgates/2021/02/25/5-things-the-future-of-work-is-not/?sh=54112c644d9e. Acesso em: 4 dez. 2021.

trabalhariam pelo menos três dias por semana no escritório (ou terão de fazer isso nos próximos três a cinco anos). Os empregadores, segundo Allison Gates, estão optando por um modelo de escritório invertido, um híbrido de trabalho individual em home office em seu próprio ritmo e presencial. "Isso permite o melhor de ambientes flexíveis com a magia do trabalho pessoal", define ela.

Outro ponto interessante é a volta da discussão sobre os benefícios para os trabalhadores. Reforça-se a importância de um bom ambiente de trabalho físico, virtual, emocional, social e financeiro, todos fatores que impactam diretamente a força de trabalho. Tudo aquilo que se reverte em bem-estar para o profissional, mesmo que signifique um pouco mais de custo para o empresário a curto prazo, traz resultados positivos no engajamento, na produtividade e na retenção da equipe. O bem-estar mental ganha cada vez mais destaque nessa receita. A tecnologia continuará no centro das mudanças, mas a inteligência emocional, a abertura de um leque maior de habilidades individuais e o espírito de colaboração ganham força nos quadros das empresas – e essas competências são mais facilmente lapidadas em um ambiente de convivência real para além das telas.

Em fevereiro de 2021, o McKinsey Global Institute divulgou o relatório *O futuro do trabalho pós-covid-19*, pesquisa na qual analisa os efeitos da pandemia no modelo de trabalho como ponto de partida para vislumbrar possibilidades futuras e fazer algumas previsões.

Concluíram que o trabalho baseado em escritórios de diferentes tipos, tamanhos e localizações deverá diminuir a exigência de proximidade física e de interações humanas; ao mesmo tempo, avaliam que o trabalho remoto e as reuniões virtuais ocorrerão de maneira menos intensa. Considerando somente o trabalho remoto que pode ser feito sem perda de produtividade, o estudo pensa que cerca de 20% a 25% da força de trabalho poderia trabalhar em casa de três a cinco dias por semana, o que significa que a grande maioria terá de trabalhar em modelo presencial ou híbrido. E constataram ainda que alguns trabalhos que tecnicamente poderiam ser feitos de maneira remota são mais bem executados presencialmente, como negociações importantes, decisões estratégicas, sessões de *brainstorming* e de feedback e a integração de novos funcionários.

Nos Estados Unidos deve ocorrer uma queda de mais de 4 milhões de empregos nas áreas de atendimento ao cliente e serviços de alimentação; em contrapartida, a demanda por trabalhadores de saúde e em ocupações STEM (sigla em inglês para Ciência, Tecnologia, Engenharia e Matemática) deve crescer em ritmo mais acelerado. Até 25% dos trabalhadores poderão ser obrigados a mudar de ocupação em relação a antes da pandemia, e o melhor que se têm a fazer é qualificar-se para empregos mais bem remunerados, que oferecerão mais postos que os de baixa remuneração. Mais de 100 milhões de trabalhadores – um em cada dezesseis – precisarão encontrar outra ocupação até 2030.

Acredito que o mundo está vivendo um monumental movimento de reavaliação de todos os aspectos da vida – e o trabalho é parte essencial dessa equação.

Quanto às habilidades, o tempo que os trabalhadores alemães gastam usando suas habilidades cognitivas básicas, por exemplo, deve diminuir 3,4 pontos percentuais, enquanto o tempo gasto em habilidades sociais e emocionais aumentará 3,2 pontos percentuais; na Índia, o tempo dedicado a habilidades tecnológicas crescerá 3,3 pontos percentuais.

> Na Europa e nos Estados Unidos, os trabalhadores sem formação universitária, membros de grupos étnicos minoritários e mulheres têm maior probabilidade de precisar mudar de ocupação após a covid-19 do que antes. […] Na França, Alemanha e Espanha, o aumento das transições de empregos necessárias devido a tendências influenciadas pela covid-19 é 3,9 vezes maior para as mulheres do que para homens. Da mesma forma, a necessidade de mudanças ocupacionais afetará mais os trabalhadores jovens do que os mais velhos.[20]

O relatório avalia que é de se esperar um movimento conjunto entre o poder público e a iniciativa privada no sentido de ajudar os trabalhadores nessa transição de carreira. Um exemplo é o Pact for Skills, programa no qual governos e empresas da União Europeia destinaram

---

[20] O FUTURO do trabalho pós-COVID-19. **McKinsey Global Institute**, 18 fev. 2021. Disponível em: https://www.mckinsey.com/featured-insights/future-of-work/the-future-of-work-after-covid-19/pt-br. Acesso em: 29 nov. 2021.

7 bilhões de euros à capacitação de cerca de 700 mil trabalhadores do setor automotivo. Nos Estados Unidos houve uma movimentação parecida: grandes empresas investiram mais de 100 milhões de dólares na formação de trabalhadores negros sem grau universitário.

Ao mesmo tempo, cada vez mais grandes empresas estudam a migração para espaços de trabalho flexíveis, reduzindo o espaço de seus escritórios próprios. Em uma pesquisa anterior[21], a própria McKinsey ouviu 278 executivos e concluiu que, em média, planejavam reduzir em 30% o espaço destinado a seus escritórios.

Além de economia de espaço, tempo e dinheiro, o trabalho remoto (no qual eu incluo o híbrido) dá às empresas a oportunidade de enriquecer sua diversidade e de encontrar novos talentos ao alavancar trabalhadores originalmente mais afastados dos grandes centros. Mais do que ninguém, esses trabalhadores dependerão de uma boa infraestrutura digital pública e privada para trabalhar. A pesquisa da McKinsey aponta que até nas economias mais avançadas, cerca de 20% dos trabalhadores de áreas rurais não têm acesso à internet.

Em 2020, a Amcham Brasil (Câmara Americana de Comércio) também criou previsões sobre o futuro do trabalho. Em parceria com o ADP Research Institute, e

---

[21] LUND S, et al. O futuro do trabalho pós-covid-19. **McKinsey&Company**, 2021. Disponível em: https://www.mckinsey.com/featured-insights/future-of-work/the-future-of-work-after-covid-19/pt-BR. Acesso em: 28 nov. 2021.

depois de duas rodadas de pesquisas globais, sempre com o ser humano no centro da questão, foram apresentadas as análises para o futuro, com foco para a área de TI.[22] O documento analisa a forma como os colaboradores se relacionam com o local de trabalho em temas como otimismo, habilidades, pressão, discriminação, flexibilidade e pagamento.

Um ponto importante é, como vimos, o convívio de diferentes gerações, com diferentes valores, no mesmo ambiente de trabalho: desde os líderes mais velhos, cuja saída do mercado começa a ser vista com preocupação, até os mais jovens representantes da *gig economy*, que realizam seus trabalhos de maneira autônoma, sem vínculo empregatício. Enquanto uns prezam direitos adquiridos historicamente, outros defendem a liberdade máxima. Não há certo ou errado nesse cenário, mas o desafio é maior quando se tenta alcançar uma harmonia na somatória desses perfis em um mesmo ambiente organizacional, físico e virtual.

Outro desafio para as empresas é o da busca pelo modelo ideal para os colaboradores de seus diferentes departamentos – a saúde e a segurança de todos será o principal mandamento das empresas responsáveis. As mudanças que ocorreram no trabalho remoto não serão total e imediatamente revertidas, porque os trabalhadores,

---

[22] ANYWHERE Office: o futuro do trabalho e o papel estratégico da área de TI. **Amcham Brasil**, 2020. Disponível em: https://d335luupugsy2.cloudfront.net/cms/files/218829/1623677256HP_Anywhere_office_futuro_do_trabalho.pdf. Acesso em: 28 nov. 2021.

e em boa medida as próprias empresas, adaptaram-se ao novo modelo. Assim, empregadores e gestores terão de lidar com variáveis por vezes conflitantes na formatação do seu modelo de trabalho de maneira justa e que atenda às necessidades de todos, inclusive clientes e consumidores.

Esses estudos baseiam-se no que vivemos até aqui, mas o que trazem são apenas previsões a partir das necessidades que já podem ser observadas. Pesquisas futuras deverão avaliar se e como o modelo de home office, principalmente o improvisado e imposto pela pandemia, de fato afetou a produtividade, a criatividade e a inovação no trabalho. Sem falar da falta de privacidade provocada pela invasão das videoconferências nos lares de centenas de milhões de trabalhadores mundo afora, além das barreiras para o monitoramento remoto de presença e de cumprimento de horários e metas. Alguns resultados já são conhecidos de antemão, e apresento alguns aqui: em longos períodos de tempo, trabalhar remotamente pode reduzir o feedback dos líderes aos subordinados, diminuindo o comprometimento das equipes e aumentando a rotatividade; ou que <u>interações sociais de alta qualidade, incluindo bate-papos informais entre colegas de trabalho, são essenciais para a saúde mental e física</u>; ou ainda que a comunicação não presencial é mais suscetível a erros de interpretação pela ausência de sinais não verbais captados apenas presencialmente.

Além disso, do ponto de vista da manutenção da cultura organizacional, empresas mais flexíveis, com regras que aproximam os funcionários e atenuam as distâncias impostas pelo modelo de home office, contribuem para um aumento do engajamento, da criatividade e da inovação por parte de seus funcionários. Segundo um relatório com as principais tendências de trabalho divulgado pela Glassdoor[23], a melhor maneira de uma empresa transmitir sua cultura aos funcionários é pelo próprio ambiente de trabalho, incluindo a localização, a estética e o astral do escritório. O home office restringiu isso, limitando-se ao contato virtual entre o funcionário e seu superior, e eventualmente pouco mais. Segundo o relatório, a maior parte dos trabalhadores valoriza aspectos como uma missão que dê ao trabalho uma relevância social mais ampla e líderes transparentes – itens que são prejudicados pelo trabalho exclusivamente remoto.

Algumas grandes empresas ficaram perdidas com o enfraquecimento da cultura, por mais que tenham tentado melhorar a comunicação virtual e desenvolver ferramentas de envolvimento e engajamento entre seus colaboradores. Por isso, essa mesma pesquisa prevê que a tendência mais predominante para o futuro do trabalho é a adoção do modelo – adivinhe – híbrido.

---

[23] GUIMARÃES, R. 6 tendências para o mercado de RH em 2020. **Glassdoor para empresas**, 14 nov. 2019. Disponível em: https://www.glassdoor.com.br/empresas/blog/tendencias-mercado-de-rh-2020/. Acesso em: 28 nov. 2021.

Além de economia de espaço, tempo e dinheiro, o trabalho remoto (no qual eu incluo o híbrido) dá às empresas a oportunidade de enriquecer sua diversidade e de encontrar novos talentos ao alavancar trabalhadores originalmente mais afastados dos grandes centros.

O FUTURO DO MEU TRABALHO

São muitas as especulações com base na observação das mudanças que o ambiente corporativo vem sofrendo de alguns anos para cá. Minha intenção até aqui foi apresentar a você para onde tem caminhado o mercado, quais são as tendências observadas, quais os prós e também os contras de cada um dos modelos de trabalho apresentados.

Espero ter fornecido todo o entendimento necessário para que você, sozinho, consiga analisar suas opções e definir qual faz mais sentido para você. Isso porque, como disse algumas vezes, não há um modelo certo, único e inabalável, mas é possível que exista um modelo que funcione para você. E como descobrir qual é? Agora você tem as ferramentas necessárias para colocar as variáveis na ponta do lápis e descobrir.

No fim do dia, todo esse conjunto de forças culminará nos principais pontos que as novas gerações têm como pilar. Nem só *home*, nem só *office*, mas um modelo de trabalho e de vida que contemple uma sociedade mais justa, igualitária, sustentável e feliz.

Este livro foi impresso pela Rettec em papel pólen bold 70 g/m² em dezembro de 2021.